"神话学文库"编委会

主 编
叶舒宪

编 委
（以姓氏笔画为序）

马昌仪	王孝廉	王明珂	王宪昭
户晓辉	邓 微	田兆元	冯晓立
吕 微	刘东风	齐 红	纪 盛
苏永前	李永平	李继凯	杨庆存
杨利慧	陈岗龙	陈建宪	顾 锋
徐新建	高有鹏	高莉芬	唐启翠
萧 兵	彭兆荣	朝戈金	谭 佳

"神话学文库"学术支持

上海交通大学文学人类学研究中心

上海交通大学神话学研究院

中国社会科学院比较文学研究中心

陕西师范大学人文社会科学高等研究院

上海市社会科学创新研究基地——中华创世神话研究

"十二五""十三五"国家重点图书出版规划项目
第五届、第八届中华优秀出版物奖获奖作品

神话学文库
叶舒宪 主编

叶舒宪 ◎ 著

河西走廊
西部神话与华夏源流
（修订本）

THE HEXI CORRIDOR

陕西师范大学出版总社

图书代号　SK23N1153

图书在版编目(CIP)数据

河西走廊：西部神话与华夏源流／叶舒宪著. —
修订本. — 西安：陕西师范大学出版总社有限公司，
2023.10

（神话学文库／叶舒宪主编）

ISBN 978-7-5695-3670-6

Ⅰ. ①河… Ⅱ. ①叶… Ⅲ. ①河西走廊—文化史
Ⅳ. ①K294.2

中国国家版本馆 CIP 数据核字（2023）第 110345 号

河西走廊：西部神话与华夏源流（修订本）
HEXI ZOULANG: XIBU SHENHUA YU HUAXIA YUANLIU

叶舒宪　著

出 版 人	刘东风
责任编辑	刘存龙
责任校对	王文翠
出版发行	陕西师范大学出版总社
	（西安市长安南路 199 号　邮编　710062）
网　　址	http://www.snupg.com
印　　刷	中煤地西安地图制印有限公司
开　　本	720 mm×1020 mm　1/16
印　　张	15.5
插　　页	4
字　　数	206 千
版　　次	2023 年 10 月第 1 版
印　　次	2023 年 10 月第 1 次印刷
书　　号	ISBN 978-7-5695-3670-6
定　　价	98.00 元

读者购书、书店添货或发现印刷装订问题，影响阅读，请与营销部联系、调换。
电话：(029)85307864　85303635　传真：(029)85303879

"神话学文库"总序

叶舒宪

神话是文学和文化的源头，也是人类群体的梦。

神话学是研究神话的新兴边缘学科，近一个世纪以来，获得了长足发展，并与哲学、文学、美学、民俗学、文化人类学、宗教学、心理学、精神分析、文化创意产业等领域形成了密切的互动关系。当代思想家中精研神话学知识的学者，如詹姆斯·乔治·弗雷泽、爱德华·泰勒、西格蒙德·弗洛伊德、卡尔·古斯塔夫·荣格、恩斯特·卡西尔、克劳德·列维－斯特劳斯、罗兰·巴特、约瑟夫·坎贝尔等，都对20世纪以来的世界人文学术产生了巨大影响，其研究著述给现代读者带来了深刻的启迪。

进入21世纪，自然资源逐渐枯竭，环境危机日益加剧，人类生活和思想正面临前所未有的大转型。在全球知识精英寻求转变发展方式的探索中，对文化资本的认识和开发正在形成一种国际新潮流。作为文化资本的神话思维和神话题材，成为当今的学术研究和文化产业共同关注的热点。经过《指环王》《哈利·波特》《达·芬奇密码》《纳尼亚传奇》《阿凡达》等一系列新神话作品的"洗礼"，越来越多的当代作家、编剧和导演意识到神话原型的巨大文化号召力和影响力。我们从学术上给这一方兴未艾的创作潮流起名叫"新神话主义"，将其思想背景概括为全球"文化寻根运动"。目前，"新神话主义"和"文化寻根运动"已经成为当代生活中不可缺少的内容，影响到文学艺术、影视、动漫、网络游戏、主题公园、品牌策划、物语营销等各个方面。现代人终于重新发现：在前现代乃至原始时代所产生的神话，原来就是人类生存不可或缺的文化之根和精神本源，是人之所以为人的独特遗产。

可以预期的是，神话在未来社会中还将发挥日益明显的积极作用。大体上讲，在学术价值之外，神话有两大方面的社会作用：

一是让精神紧张、心灵困顿的现代人重新体验灵性的召唤和幻想飞扬的奇妙乐趣；二是为符号经济时代的到来提供深层的文化资本矿藏。

前一方面的作用，可由约瑟夫·坎贝尔一部书的名字精辟概括——"我们赖以生存的神话"（Myths to live by）；后一方面的作用，可以套用布迪厄的一个书名，称为"文化炼金术"。

在21世纪迎接神话复兴大潮，首先需要了解世界范围神话学的发展及优秀成果，参悟神话资源在新的知识经济浪潮中所起到的重要符号催化剂作用。在这方面，现行的教育体制和教学内容并没有提供及时的系统知识。本着建设和发展中国神话学的初衷，以及引进神话学著述，拓展中国神话研究视野和领域，传承学术精品，积累丰富的文化成果之目标，上海交通大学文学人类学研究中心、中国社会科学院比较文学研究中心、中国民间文艺家协会神话学专业委员会（简称"中国神话学会"）、中国比较文学学会，与陕西师范大学出版总社达成合作意向，共同编辑出版"神话学文库"。

本文库内容包括：译介国际著名神话学研究成果（包括修订再版者）；推出中国神话学研究的新成果。尤其注重具有跨学科视角的前沿性神话学探索，希望给过去一个世纪中大体局限在民间文学范畴的中国神话研究带来变革和拓展，鼓励将神话作为思想资源和文化的原型编码，促进研究格局的转变，即从寻找和界定"中国神话"，到重新认识和解读"神话中国"的学术范式转变。同时让文献记载之外的材料，如考古文物的图像叙事和民间活态神话传承等，发挥重要作用。

本文库的编辑出版得到编委会同人的鼎力协助，也得到上述机构的大力支持，谨在此鸣谢。

是为序。

目录

壹　河西走廊的文化镜像
想象的边关：锁阳城的薛仁贵铜像　　001
想象的西部：冥水与西天　　012
想象的西部：瑶池、瑶母与玉门　　021
美玉神话：丝绸之路以前的玉石之路　　030

贰　西部观念：中原人的建构
"西游"模式与想象的地理 ——从《楚辞》到《山海经》　　037
食玉：中国式复乐园神话　　043
从"玉英"到"玉精"——食玉神话的历史实践　　052

叁　"西游"的文化范式及其转换
——从《穆天子传》到《西游记》

《穆天子传》：昆仑玉乡朝圣史诗　　060
《西游记》对上古"西游"范式的转换　　070
"西部"想象的谱系：绝、远、荒、怪　　084

肆　"河西""陇右"考
——中原建构西部观念的语词解析

符号、方位与支配性观念　　095
河西、河右、河陇——以黄河为坐标的命名规则　　100
冀州与河岳："中国为冀"　　102

	龙头、陇头、《陇头吟》——以陇山为坐标的西部命名	112
	命名与遮蔽:"敦煌"别解	122

伍　沉寂五千年,柳湾闻蛙声
——马家窑蛙纹彩陶解读

	柳湾见证"唯陶为葬"	131
	蛙人造型的奥秘	138
	再释"阴阳人"彩陶壶	143

陆　蛙神信仰及神话源流

	百变蛙神:从图像叙事到文本叙事	154
	辛店陶器"蛙人-太阳"图式解	156
	蛙神八千年	166
	女神变形与性别象征	169
	蛙神信仰:蛙图腾与蛤蟆创世	173
	蛙文化传播带:从西北到西南	186

柒　齐家文化与玉器时代

	玉器时代的"齐家古国"	193
	玉璧、玉琮:齐家文化与良渚文化的对应	204
	夏文化寻源:冶金的东向传播	207
	农业考古的证据:小麦的东向传播	213
	寻找夏文化源:以玉礼器为新证据	217
	齐家古国的覆灭	223

我的"西游"经历(代后记)　　　　　　　　　　231

壹　河西走廊的文化镜像

想象的边关：锁阳城的薛仁贵铜像

2006年12月1日，我和佛教学者桑吉扎西、摄影师苗光燊及李军相聚首都机场，搭上飞往银川的班机，去参加一个临时组建的西夏文化考察组。到银川后，我们会同企业家王爱卿和敦煌学家杨雄等，先考察了位于贺兰山大水沟的西夏离宫旧址，然后于12月2日从银川乘夜车前往兰州，3日清晨在兰州转乘一辆包租的依维柯汽车，背着朝阳踏上了河西走廊的漫漫之途。

按照我们从教科书中学到的知识，这是李陵、霍去病、张骞等曾经仗剑骑马走过的路，也是《西游记》里唐僧一行取经曾经走过的路。所不同的是，现代工业早已把这段绝域荒漠变成了中华版图上横贯东西的大通途：陇海铁路及新修成的连霍高速，从东海之滨的连云港直通新疆边境的霍尔果斯口岸，俨然实现了欧亚大陆桥的亘古梦想。

作者2007年9月再访西夏王陵

连霍高速进入河西走廊段（2006年12月摄于西夏考察之旅）

壹　河西走廊的文化镜像

放眼中华版图，如果把西安作为古丝绸之路的起点，那么当我们的目光从西安向西移动，跨越陕西边境后，就进入著名的河西走廊之省份——甘肃。扫视甘肃在整个亚洲版图上的形状，它非常类似一只中间细长而两头大的哑铃。那又细又长的中间一段被北边的内蒙古自治区和南边的青海省紧紧地夹挤着，狭窄得几乎不可思议。这是为什么呢？

如果把一幅中国行政区划图换成一幅中国地形图，我们就会明白：所谓河西走廊的狭长地带，原来是由自然地形地貌所决定的——青藏高原北端的祁连山，内蒙古高原西南端的乌鞘岭，绵延上千公里，几乎是平行地排列在两个"哑铃"的球体之间；而所谓的"走廊"，就是由两大山脉之间留下的狭长的类似天然通道的部分所构成。我曾经在1991年陪同澳洲的朋友第一次进入河西走廊，那次是为了游览敦煌，从西安乘飞机到达酒泉再转车，所以并未真正领略古丝绸之路的山川形势。这次驱车跋涉，总算弥补了缺憾。

考察组先后参观了武威天梯山石窟、西夏博物馆、文庙碑石、张掖大佛寺和嘉峪关长城，于12月6日到达了河西走廊西端的瓜州（原安西县），当天下午便领略了与莫高窟齐名的榆林窟壁画和雕塑，次日专访以西夏壁画著称的东千佛洞，下午回程时顺道观赏了锁阳城遗址。

锁阳城被誉为"中国目前保存最为完好、规模最大、历史延续时间最长的古城遗址"。它也是由绿洲变成大沙漠的经典案例。其最早建城应在西汉时期，经历了东汉、三国、魏晋南北朝、隋、唐、宋、元，直到明代正德年间废弃，从公元1世纪至16世纪，长达一千五百年。

锁阳城原来叫"苦峪城"。相传当年唐太宗李世民命太子李治和大将军薛仁贵征伐西域，不料在苦峪城中了埋伏，被哈密国元帅苏宝同的大军包围。在粮尽援绝的危急情况下，薛仁贵听从军医的高见，让士兵们就地采挖一种叫"锁阳"的野生植物充饥，随后出现奇迹，全体将士居然体力充沛，一直坚守到老将程咬金率军前来解围。结果不仅保全了唐军，还里

河西走廊——西部神话与华夏源流

隐藏在大漠河谷之中的敦煌榆林窟（2006年12月摄于西夏考察之旅）

应外合击败了哈密国军队。这件奇事传到长安朝廷，天子喜出望外，下令将苦峪城改名为"锁阳城"。锁阳的美名就这样随着中原政权的胜利而传播开来，直到明朝时国力有所衰退，将西疆防御线收缩到嘉峪关，这座用黄土铸塑成的千年古城堡才彻底废弃；之后，又经过四百多年的风沙和雨雪，繁华的大唐边城变成了大片破败荒凉的废墟。历史啊，历史，通过书本学到的和身临其境体会到的，居然会有天壤之别！

锁阳城一隅

　　我们一行人在这座大漠之中的古代军事堡垒流连忘返，随手就能够捡到汉、唐、宋、元各代遗留下来的陶瓷碎片。这座古城至今还没有经过正式的考古发掘，隐藏其间的历史之谜等待人们去破解。

　　在通往锁阳城故址的一个岔路口处，矗立着一尊新落成的薛仁贵铜像，在空旷的荒野之中格外显眼。大家不由得下车来参观和拍照。

　　读中文专业的人，大都在小说和戏曲《薛仁贵征西》中就熟悉了这位唐朝名将。据《新唐书》记载，他生于绛州龙门（今山西河津），贞观末年应募从军。大唐军队攻打高丽之际，在安市城（今辽宁海城南）阻击高丽援军一战，薛仁贵身着白盔白甲横扫敌阵取胜，受到唐太宗的赏

薛仁贵铜像

壹　河西走廊的文化镜像

识，先授游击将军，后又被提拔为右领军中郎将。唐高宗显庆年间，他辅助营州都督在辽东一带屡破高丽、契丹军，被授左武卫将军。龙朔初年，他率兵至天山平定铁勒九姓的袭扰。"将行，宴内殿，帝曰：'古善射有穿七札者，卿试以五甲射焉。'仁贵一发洞贯"。铁勒聚众十余万，选出数十骁骑到阵前挑战。薛仁贵张弓三箭就射杀三将，其余铁勒军落荒而逃，唐军大胜。不过薛仁贵也有不胜的时候。咸亨元年（670），吐蕃进扰，唐高宗命薛仁贵为逻娑道行军大总管率军阻击。因辎重被吐蕃军截获，薛仁贵退屯大非川（今青海共和西南），被迫与吐蕃私下议和。因这次败绩，他被免官为民。不久高丽起兵，薛仁贵再次被任用征东，后又因罪被流放。直到开耀元年（681），68岁的薛仁贵受到大赦，率军抗击突厥。突厥军听说薛仁贵挂帅领军，吓得四处逃散，唐军大胜。永淳二年（683），薛仁贵病死，享年七十。

在文学作品中，关于这位"薛家将"的第一主人公，不仅有和史书记载类似的"白衣破高丽""三箭定天山"等传奇故事，而且还增添了不同的结局：在征西凉之时，他被敌将杨凡设计包围，又被自己的亲儿子薛丁山误射而死。好一个中国式的无意识弑父故事。后来的评剧《汾河湾》等围绕着有弑父娶母嫌疑的主题做文章，创作出俄狄浦斯情结的中国版叙事。在京剧、秦腔、豫剧、晋剧等各种地方剧种中，都少不了薛仁贵与薛丁山的戏。

我们到访的时候，恰逢当地将安西县名重新改为"瓜州"。出于旅游经济的考虑，政府提出"挖掘瓜州历史文化内涵""拓展和提升瓜州的知名度"的振兴口号，初衷很不错。不过，今天在瓜州铸造薛仁贵铜像，铜像下方的基石上题写着"将军三箭定天山，将士长歌入汉关"诗句，更加增添了中原本位的对西部边关想象的色彩，其文化政治的味道何其浓厚！记得顾颉刚先生曾通过秦陇方言和巴蜀方言中的"瓜子"（傻子）一词重新解释过"瓜州"得名，认为那是出于大汉族主义优越感的一种对少数

河西走廊——西部神话与华夏源流

安西的旅游广告

民族的蔑称，而且瓜州的位置不在河西走廊西端，而在秦岭的西侧。顾先生这样别出心裁的解释，很难和现实中以盛产蜜瓜而得名的瓜州相对应。如今瓜州还获得了"中国蜜瓜之乡"和"中国锁阳之乡"两块金字招牌。在一般人心目中，瓜州自然是瓜的最好产地；在受过传统文学熏陶的人心目中，瓜州又是文化的圣地，是中原王朝大军反败为胜的纪念地。

西域特有的野生植物锁阳，由于被人为赋予了文化的附加值，成为一种西部文化的符号。如今替代蜜瓜成为瓜州旅游首选品牌的，正是可以和酒泉夜光杯齐名的一系列锁阳产品——锁阳春酒、锁阳茶、锁阳咖啡等等。

读李时珍《本草纲目》可知："锁阳出肃州……大补阴气，益精血，利大便……润燥养筋，治痿弱。"再看陶九成《辍耕录》还会明白：锁阳是以"藏药"或者"蒙药"为中介进入"中药"知识谱系的。这种来自文化借用的地方性知识，甚至能催生出汉文化中光怪陆离

壹　河西走廊的文化镜像

五千年前的葫芦纹彩陶壶，马家窑文化半山类型（摄于甘肃省博物馆）

葫芦瓜形彩陶瓶（2007年12月摄于柳湾彩陶博物馆）

的锁阳起源神话。

> 鞑靼田地，野马与蛟龙交媾，遗精入地，久之发起如笋，上丰下俭，鳞甲栉比，筋脉连络，其形绝类男阳。名曰锁阳，即肉苁蓉之类。……土人掘取，洗涤去皮，薄切晒干，以充药货。功力百倍于苁蓉也。

从"鞑靼田地"和"土人掘取"八个字，不难体会汉文化中想象的锁阳神话是怎样以非汉族的地方性草药知识为建构基础的。西域少数民族的草药一旦进入汉语书写系统之后，其归宿难免落入以中药知识的药用价值尺度来获得评判——大补或者壮阳。至于其神效（功力百倍）是否源于野马与蛟龙交媾的神话，理性的判断就无法企及了。合理的推测应该是：在薛仁贵的随军中医认识到锁阳的食用价值之前，当地"土人"已拥有关于草药锁阳的知识。

敦煌特产市场的锁阳产品

甚至是唐朝军队的敌手们——吐蕃人或突厥人实际充当着锁阳知识的原初主人。

历史也好，传统也好，我们过去总是天真地理解为客观形成的东西，而晚近的学者却认为是主观"发明"（invent）或建构（construct）出来的东西。20世纪后期以来较为激进的新历史主义学派认为，历史叙事和小说神话一类的文学叙事并没有实质的区别。要想多少了解一些被叙事话语所遮蔽的真相，只有带着高度警觉的批判反思精神，通过剥洋葱一般层层深入的修辞分析。

从《唐书》史籍到评书文学，薛仁贵父子均被建构为中原帝国政权"征东"和"征西"的楷模，成为汉语文献中建构的中国西部文化史的标志性符号。此类符号不仅支

壹　河西走廊的文化镜像

配着一切用汉语思维和汉字书写的后人，而且给非汉族人群带来中原中心模式的历史想象。

云南普洱市的诸葛亮塑像

正像我们在云南边境的茶城普洱也能看到纪念诸葛孔明的塑像一样，和薛仁贵平定西域的故事相似，支撑云南边疆民族对诸葛亮圣明想象的，不仅有他七擒孟获的故事，还有其兴茶的故事。好像没有这位代表汉室刘皇叔的智慧军师，当地百姓还不知道饮茶。

按照鲍德里亚的看法，在后现代的消费社会，符号本身就足以充当经济的原动力。因为当今的消费者所消费的不只是自然商品，也消费着文化。有朝一日我们或许会看到由文化传统再造的商品符号，就像敦煌"李广杏"、梅州"东坡肉"那样的"仁贵锁阳"和"诸葛亮普洱"。

想象的西部：冥水与西天

如果说锁阳城的薛仁贵铜像代表的是中古时期唐朝以来中原中心主义的边关想象，那么和锁阳城联系在一起的"冥水"和"玉门"这两个古汉语地名，代表的则是上古以来的中原文化对于"死和永生"的两极想象，值得做一番较为细致的话语修辞分析，进而充实我们对中华西部想象图景的体认。

面对眼前黄沙一片的锁阳城，无论怎样也难以想象它当年是繁茂的绿洲。绿洲变成沙洲的原因只有一个：疏勒河改道，这里水源逐渐枯竭。从石器时代以来的人类生活经验可知，傍河流而居是先民选择生态宜居环境的首要条件。尤其是在干旱少雨的西域戈壁地区，所有的绿洲都是凭借稀缺的水流才得以存续下来的。锁阳城一带在汉唐时代受惠于水量充沛的河流浇灌，形成养育数万人口居住的生命绿洲。那条河流就是河西走廊西端的生命之河——疏勒河。它发源于终年积雪的巍巍祁连山，出酒泉南山向西北曲折而去，绵延千里流出敦煌玉门关外，古代水大时一直流入新疆的罗布泊。清代文豪赵翼的诗《张甥圣时宦新疆之奇台尉五年俸满告归喜赋》中有这样两句："疏勒泉清禾满野，祁连山迥雪弥天。"诗句所描绘的就是戈壁绿洲的奇妙景致。公元前121年，汉武帝设立敦煌郡，下辖渊泉、冥安、广至三县。前二者的得名均来源于水。瓜州之所以在西汉时称冥安，就因为疏勒河当时叫冥水，又称籍端水。《汉书·地理志》敦煌郡冥安县条班固原注云：

南籍端水，出南羌中，西北入其泽，溉民田。

《太平寰宇记》："籍端水一名冥水。"引《汉书·地理志》"西北入其泽"作"西北入冥泽"。据此可知由"冥"字命名的一组称谓：河称

锁阳城一景

冥水，地称冥安，泽称冥泽。一般的解释是按照《说文》《尔雅》以窈训冥之例，以为该名号来自冥水浑浊不清明的状态。而别称"籍端"当是本地民族对该水的称名。我们知道，在西汉建立统治政权以前，这里曾是羌人的居住地。此外也曾活跃着塞种人、乌孙、匈奴、月氏等不同的游牧民族。所以"籍端"可能是羌人对冥水——疏勒河的称名。汉武帝为强化西汉帝国对西域地区的统治，采取"屯田戍边"政策，造成"天下人皆直戍边三日"的局面。大规模的军垦民屯带来了大量的汉人，此前的"籍端"也就被后来的汉人名称"冥水"所取代。史书上同一河流多种名称的现象多由此而来。

冥水到了唐宋时期又称独利河，元明时代改称布隆吉尔河，清代才叫疏勒河。疏勒本是古西域诸国之一，西汉时与内地保持着紧密的贸易往来关系。王莽时称世善，唐名佉沙。疏勒国位于今新疆维吾尔自治区喀什一带。其治疏勒城，即今疏勒县。《后汉书·班超传》："臣见莎车、疏勒田地肥广，草牧饶衍，不比敦煌、鄯善间也。"明梁伯龙《念奴娇序·拟出塞》曲："北接莎居，西通疏勒，班超原是一书生。"为什么清人将西域古国的名称挪用来重新命名冥水呢？此种张冠李戴的命名现象，究竟是出于什么原因，至今还没有考证清楚。

在我看来，疏勒虽是异国的名称，但是听起来比汉语中的冥水要好一些。过去的注释家解说冥水得名，以为那是浑浊不清的河流。可是这样的理解和赵翼诗中的"疏勒泉清禾满野"完全对不上号。检索文献记载，冥水、冥安、冥泽一类以"冥"为词根的合成词到后来大都废弃不用，原因似乎是汉文化中"冥"字潜含的不吉利联想。

从敦煌到瓜州、嘉峪关一线，是著名的雅丹地貌分布区。放眼望去，在寸草不生的大戈壁上，旅行者的印象不外乎如下的感叹："脚下只有碎石，耳畔只有风鸣，没有绿色，没有生命。'上无飞鸟，下无走兽'大概就是这样的吧！"西部戈壁大沙漠自古被中原人设想为"死亡之海"，那

雅丹地貌中的西夏古塔

是绿色和生命的反面。"冥"字所特有的"死神"和"阴间"的联想在这里出现应该是顺理成章的。古人把阴间地域称为"冥间""冥中",把那里的统治者称为"冥王",通往那里的路途上有"冥河""冥水"。"冥王"又称"阎罗",俗称"阎王爷"。叶圣陶《四三集·冥世别》:"白髯皂袍的冥王坐在上面,说:'你们为什么又要到阳世去呢?'"冥间即阴间,是与阳世相对的。

冥间(冥中、冥司、冥界等)即阴间的神话想象,和印度佛教在我国的传播密切相关。佛教将地狱、饿鬼、畜生总称为"冥界"。此类措辞在民间的讲唱文学中流行甚广。《敦煌变文集·目连变文》:"汝母生前多悭狂,受之业报亦如斯,常在冥间受苦痛,大难得逢出离期。"宋赵叔向《肯綮录·赵清真高士入冥》:"赵清真先生者,

丰都鬼城的"地狱之门"

有道之士也，能入冥间，观世间所谓地狱者。"由此可见冥间是地狱的代名词。宋岑象求《吉凶影响录》："治平中，黄靖国死，见冥中数狱吏指一所曰：此唐武后狱。"清昭梿《啸亭杂录·蔡必昌》："蔡太守必昌任四川重庆守，云能过阴间，预知冥中事。"《敦煌变文集·妙法莲花经变文》："生前不曾修移，死堕阿毗地狱。永属冥司，长受苦毒。"清蒲松龄《聊斋志异·章阿端》："君诚多情，妾当极力。然闻投生有地矣，不知尚在冥司否？"这些以"冥"命名的地域称谓还可以简化为"冥冥"，也同样指神秘莫测的阴间世界。《汉书·外戚传上·孝武李夫人》："去彼昭昭，就冥冥兮；既下新宫，不复故庭兮。"鲁迅《朝花夕拾·二十四孝图》："《文昌帝君阴骘文图说》和《玉历钞传》，都画着冥冥之中赏

壹　河西走廊的文化镜像

丰都鬼城的判官（2006年3月摄于丰都）　　　　佛教神话想象的畜生地狱

善罚恶的故事"。

　　从地理空间上确认冥间的所在，一般习惯于和西、北、西北方位相联系，因为那些是太阳落下地平面和太阳不出现的方位。如《敦煌变文集·王昭君变文》所说："何期远远离京兆，不忆冥冥卧朔方。"如果突出荒远凄凉，还有更富于文学性的说法，如"冥漠""冥漠之都""冥漠之乡"等。

　　佛教神话认为地狱中有一条奈河，称"冥津"，语义上和"冥水"大体接近。南朝齐王融《净行诗》之一："冥津殊复晓，高听亦能卑。"由于生死有别的缘故，活人常驻阳界，只有死者或者魂灵才会越过冥津前往冥界，这一过程自然就被想象成鬼怪狰狞、凶险万分的旅途。如《敦煌变文集·大目乾连冥间救母变文》："魂魄飘流冥路间，若问三塗何处苦？咸言五道鬼门关。"明姚茂良《精忠记·冥途》："只为生前没善缘，死归冥路受熬

丰都鬼城奈何桥

丰都鬼城内的鬼门关

煎。"这些感叹都是针对佛教关于死后世界的观念而发的，其中渗透着因果报应和积德行善的教义。

了解到"冥"这个专名在我国文化地理上的丰富联想，自然容易和"西"的方位联想形成相似的对比。比如"西天"一词，既可以实指印度、阿富汗一带，又可以虚指西方极乐世界或者死神阎罗王主宰的世界。印度古称天竺，因在中国之西，故称西天。唐代的皇甫曾《锡杖歌送明楚上人归佛川》诗云："上人远自西天至，头陀行遍南朝寺。"宋代晁冲之《以承宴墨赠僧法一》诗云："王侯旧物人今得，更写西天贝叶书。"这里的"西天"，用的是实指意义。《三宝太监西洋记通俗演义》第六回所说的"这个非幻化身虽在东土，心神已自飞度在西天之上了"用的则是虚指意义。民间俗称死亡为"上西天"，沿袭发展了这种虚指意义。洪深《赵阎王》第一幕就有这样粗俗的叫骂台词："咱们白刀子进去，红刀子出来，送他妈的一条

壹　河西走廊的文化镜像

甘肃山丹出土的唐代印度人像（2007年12月摄于甘肃省博物馆）

混蛋狗命上西天。"

　　以上语言材料，大致说明了"冥水""冥泽"一类古汉语名称的联想背景，也间接表明了中原汉族人西部想象中所特有的宗教和神话的基因之一。

　　另一个关于西部重要想象的基因则与此相反，喻示着神话时代以来关于不死或者永生的联想。该联想落实到一种在中国文化中推崇备至的形而下的物质——玉。河西走廊上的"玉门"地名，就是在这样的文化背景中产生的。

敦煌壁画中的西天极乐世界

壹　河西走廊的文化镜像

想象的西部：瑶池、瑶母与玉门

如果我们关注河西走廊的历史地理，就会看到一个有趣的现象：叫"玉门"的地名不止一个，从新疆到甘肃沿线有多个"玉门"。有作为古代交通要道关口的玉门，也有作为行政区划的玉门。这些不同的"玉门"，东西相距数百公里之遥。为什么会有这种重复命名的现象呢？原来也和中原中心想象的地理观有关。自汉武帝开河西，"列四郡，据两关"以来，阳关和玉门关就成为西域叙事中的主题词。前者位于今敦煌市西南七十公里处，后者在敦煌市西北八十八公里处。二者同为丝绸之路南北两道上的必经关隘，可以比喻为中外交流的瓶颈或者咽喉，其对中原王朝的重要性可想而知。昔日读书人信奉"熟读唐诗三百首，不会作诗也会吟"的佳话，所以对王维《送元二使安西》中的诗句"劝君更尽一杯酒，西出

敦煌西北的玉门关遗址（小方盘城）

021

阳关无故人",王之涣《出塞》中的诗句"羌笛何须怨杨柳,春风不度玉门关"等,自幼已背诵得滚瓜烂熟。阳关与玉门关的边塞想象情景,对于所有没有到过河西走廊的人,照样有如身临其境,栩栩如生。但是要从学理上弄明白玉门得名的深远神话背景,就是到过玉门的人也未必人人都能说得清楚、明白,基本上只知其然,而说不出其所以然。

在上古的中原想象里,西部的昆仑山是神圣的仙境,掌握着世间永生秘方的西王母就常住在昆仑山上。而神山或者仙山昆仑与西王母的非凡标志,就是古人心目中象征永生不死的最美物质——玉。根据先秦的文献记载,西王母所住的地方就叫"玉山"或者"群玉之山"。《山海经·西山经》:"又西三百五十里,曰玉山,是西王母所居也。"郭璞注:"此山多玉石,因以名云。《穆天子传》谓之'群玉之山'。"对神话题材情有独钟的李商隐写过一首《玉山》诗:"玉山高与阆风齐,玉水清流不贮泥。"玉山的水流似乎由液体状态的玉构成。清代戏曲

玉门市新地标仿古建筑——汉白玉拱楼(2017年6月摄)

壹　河西走廊的文化镜像

玉门市博物馆藏清代洒金皮和田白玉扳指（2017年6月28日摄于该馆文物库房）

作家洪昇所写《长生殿·偷曲》，也描绘到玉山的想象景观："珠辉翠映，凤鬐鸾停。玉山蓬顶，上元挥袂引双成。上元挥袂引双成，萼绿回肩招许琼。"徐朔方注："玉山，西王母住的仙山。"

又由于昆仑山常年积雪，"玉山"作为修辞用语，也可以用来比喻雪山。苏辙《放闸》诗："渊停初镜净，势转忽云崩。脱隘尚容与，投深益沸腾。玉山纷破碎，阵马急侵陵。"传说昆仑山生长着一种大木禾，名叫"玉山禾"。诗人们用此典故来暗示西王母的存在。如鲍照《代空城雀》诗云："诚不及青鸟，远食玉山禾。"李白《天马歌》云："虽有玉山禾，不能疗苦饥。"二位诗人所用的典故都出自玉山禾的神话。相传西王母的居处既有玉山，还有瑶台。如李白《寓言》诗之二："往还瑶台里，鸣舞玉山岑。"王琦注："瑶台、玉山，皆西王母之居。"

如何理解这个"瑶台"呢？原来"瑶"也是美玉之名称。从《诗经·大雅·公刘》"何以舟之，维玉及瑶"的诗句看，瑶是玉的同义词。再依据江淹《齐故司徒右长

陕西绥德四十里铺出土的汉画像石西王母戴胜形象

重庆出土的东汉西王母陶灯（摄于三峡博物馆）

史檀超墓铭》的说法"惟金有铣，惟玉有瑶"，可知瑶是玉中的上品，相当于金子之中最富有光亮的"铣"。由此可以推知，瑶台也就是玉台。晋潘尼《赠陆机出为吴王郎中令》诗："昆山何有？有瑶有珉。"《尚书·禹贡》："厥贡惟金三品，瑶、琨……"孔安国传："瑶、琨皆美玉。"以上所见古汉语中一大批从王旁的字——瑶、珉、琨等，其实都是从玉旁，是古代不同种类和颜色美玉的专有名称。经过文人墨客不断再造，神话和传说中西部的昆仑山和西王母，就这般地和神秘的美玉联想到了一起。如刘禹锡《送李策秀才还湖南》诗云："油幕似昆丘，粲然叠瑶琼。"

昆仑与"瑶"的联系表现在诸多关于美玉的典故中。追溯"琼瑶""瑶琼""瑶环"的来源就可看出这一点。《诗经·卫风·木瓜》的名句就有"投我以木桃，报之以琼瑶"。汉代秦嘉《留郡赠妇诗》之三也说："诗

壹　河西走廊的文化镜像

瑶环出自西极：成都金沙遗址出土的玉璧

人感木瓜，乃欲答瑶琼。"那么古人珍视的瑶琼类美玉究竟出产在什么地方呢？葛洪《抱朴子·君道》："灵禽贡于彤庭，瑶环献自西极。"清唐孙华《观宴高丽使臣》诗："早闻西国贡瑶环，又见南蛮献铜鼓。"这些说法均确认瑶的原产地在西极或者西国。瑶之类的美玉看来是自古以来西域各国向中原王朝进贡的贡品。因为内地不出产，所以其更显得稀罕和珍贵。据王嘉《拾遗记·周》记述："（成王）四年，旃涂国献凤雏，载以瑶华之车，饰以五色之玉，驾以赤象，至于京师。"好一个奇妙无比的朝贡景象。难怪以"瑶""玉"为原型的大批语词反过来又强化了内地文人对昆仑神山的特色想象。

古代神话认定在昆仑仙山之上有一仙池，名为"瑶池"，那里就是群仙之母西王母居住之处。《史记·大宛列传》转述《禹本纪》记载："昆仑其高二千五百余里，日月所相避隐为光明也。其上有醴泉、瑶池。"今天由科学测量学测定的世界最高峰珠穆朗玛峰为八千余米，合八九公里。而神话想象中的昆仑山高二千五百余里，也就是一千二百多公里，是珠穆朗玛峰的百倍以上。那上面的瑶池也好，醴泉也好，显然是世间的凡人根

山东沂南汉墓画像石中的西王母

本无法企及的。相传西周时代的周穆王有幸亲临瑶池。《穆天子传》提到穆王拜会西王母的具体地点，正是"瑶池之上"。《文选·王融〈三月三日曲水诗序〉》："至如夏后两龙，载驱璇台之上；穆满八骏，如舞瑶水之阴。"刘良注："瑶水，瑶池也。"对于企求仙界长生的秦皇汉武来说，周穆王的那一段神话游历，肯定是心向往之的吧。到了唐太宗李世民，他力图以现实世界中建功立业的宏伟志向取代神话世界的长生幻想，于是在《帝京篇》诗序中写下了这样两句豪言壮语："忠良可接，何必海上神仙乎？丰镐可游，何必瑶池之上乎？"

尽管现实之中的英雄可以怀疑仙界瑶池的存在，但是文学想象却总是依照神话原型而展开。戏曲大家关汉卿的《裴度还带》第四折就有"瑶池谪降玉天仙，今夜高门招状元"的巧妙用典。当代诗人郭小川作《昆仑

壹　河西走廊的文化镜像

行》诗，也不忘记追忆那一段美妙神奇的神话场景："据说，西王母兴建瑶池，一股脑用尽山中的流泉。"

山东嘉祥汉画像西王母戴胜

由于从神话到诗词，再到戏曲和小说，瑶池、瑶水的魅力不减当年，甚至居住在瑶池上的西王母本人也被改称"瑶母"。元代文人汤濩的《登瀛洲赋》有句为证："约瑶母以商略，挟子晋以夷犹。"北周的文学家庾信作《道士步虚词》，有"停鸾宴瑶水，归路上鸿天"的丽句。

如果把瑶池理解为玉池，那么瑶木也就相当于玉树。此类超现实的另类景物出现在文学作品中，往往喻示着超现实的神仙境界。按照此隐喻规则，瑶池、瑶水、瑶木等等，不妨理解为仙池、神水、仙树……下面就是此类表现的例子。《文选·严忌〈哀时命〉》："擥瑶木之橝枝兮，望阆风之板桐。"王逸注："言己既登昆仑，复欲引玉树之枝，上望阆风、板桐之山，遂陟天庭而游戏也。"李白《古风》之四三："瑶水闻遗歌，玉杯竟空言。"

027

红山文化玉璧一组（2007年摄于辽宁省博物馆）

山东嘉祥汉画像西王母

徐积《管春风》诗："春风消息苦不远，瑶台瑶水冰霜浅。"将瑶水与瑶台相互对应，不妨看作是彰显美玉想象特征的文学词语。

瑶台，指美玉砌的楼台，也来自先秦神话。《楚辞·离骚》："望瑶台之偃蹇兮，见有娀之佚女。"注家徐焕龙曰："瑶台，砌玉为台。"高明《琵琶记·牛相奉旨招婿》："小娘子是瑶台阆苑神仙，蔡状元是天禄石渠贵客。"再如，瑶圃指产玉的园圃，比喻超凡脱俗的仙境。《楚辞·九章·涉江》："驾青虬兮骖白螭，吾与重华游兮瑶之圃。"皮日休《扬州看辛夷花》诗："一枝拂地成瑶圃，数树参庭是蕊宫。"元周巽《梨花曲》诗："仙妃下瑶圃，靓妆乘素鸾。"此外还有神话地理名称的瑶琨，不仅出产美玉，还出产美酒。汉郭宪《洞冥记》卷二："瑶琨去玉门九万里，有碧草如麦，割之以酿酒，则味如醇酎。"该书中还说到主人公"酌瑶琨碧

壹　河西走廊的文化镜像

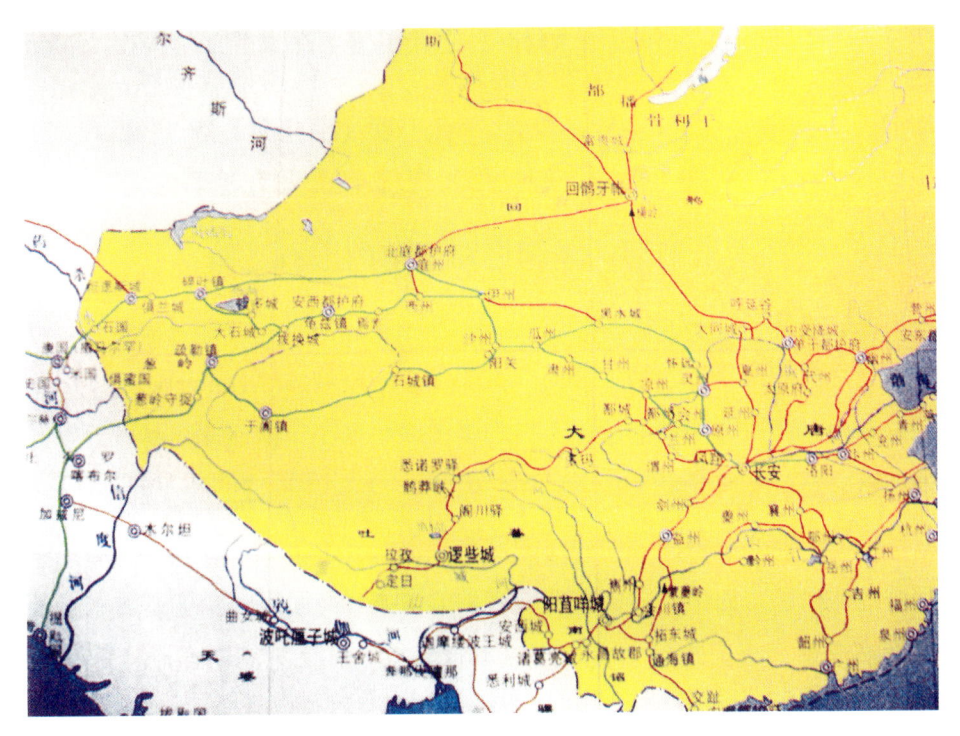

酒，炮青豹之脯"的奇妙饮食品级。把两种美玉的专名"瑶"与"琨"合为一个地名，再将该地方设想为"去玉门九万里"的西极，这突出表达了中原的西部想象中美玉所扮演的核心角色。

唐宋时期丝路示意图（2007年9月摄于银川回族博物馆）

也许有人会有疑问：美玉成为古人西部想象特色的原因何在呢？

初步的解答方案是：还原一段由神话所传达的失落的文化记忆。原来，今人所熟知的丝绸之路在成为丝绸之路以前的神话时代，就曾经充当玉石之路的角色。当时新疆的和田美玉，也就是神话中的"昆山玉""瑶""琨"，以及玉产品"瑶环"等，一部分通过河西走廊向东不断输送到中原地区，还有一部分通过中亚地区输送到西亚和欧洲。河南安阳殷墟出土的商代玉器就大量使用了和田玉做材料，古代美索不达米亚遗址也出土了新疆的和田玉[1]。

美玉神话：丝绸之路以前的玉石之路

正是在这条早于丝绸之路而存在的玉石之路的深远背景中，与神话中的昆仑山和西王母相关的层出不穷的美玉联想和美玉神话才容易被理解，河西走廊上层出不穷的"玉门"名称也同样容易获得根源性的理解。

例如，神话中将昆仑仙境里的建筑想象为"玉馆"，或者"瑶馆"，那曾经是以玉膏为美食的黄帝会饮诸神的地方。陶弘景《水仙赋》："若夫层城瑶馆，缙云琼阁，黄帝所以觞百神也。"如果要问昆仑山为什么会如此频繁地涉及玉与瑶，其答案在古书中是现成的。《淮南子·墬形训》："掘昆仑以下地……绛树在其南，碧树、瑶树在其北。"唐代诗人陈子昂《感遇》诗之六："昆仑有瑶树，安得采其英。"看来神话中昆仑山的基本特色就是生长着各种象征不死的玉树。成语"琳琅满目"也能够追溯其源头到昆仑山。《尔雅·释地》："西北之美者，有昆仑虚之璆琳、琅玕焉。"郭璞注："璆琳，美玉名。"《魏书·西域传·大秦国》："其土宜五谷桑麻，人务蚕田，多璆琳、琅玕、神龟、白马朱鬣、明珠、夜光璧。""琳"与"琅"合起来，也作"琳琅"，仍然指罕见的美玉。张衡《南都赋》："琢琱狖猎，金银琳琅。"司马光《奉和济川代书三十韵寄诸同舍》："琳琅固无价，燕石敢沾诸。"前者把琳琅和金银相提并论，后者干脆明说琳琅是无价之宝。

《顾颉刚读书笔记》中有"酒泉玉山"条，引录的是光绪年间甘肃籍

---

[1] 中国社会科学院考古研究所编：《考古学参考资料》第3—4辑，文物出版社1980年版，第174页。

壹　河西走廊的文化镜像

的举人慕寿祺《山水调查记》的说法：

> 在酒泉县西七十里，山之西麓即嘉峪关，一名嘉峪山。土人相传新疆和田玉未发现以前，中国所称为"汉玉"者皆酒泉所产，盖美石之次于玉者也。雍州"贡球、琳、琅玕"即此。又云：嘉峪山今已无玉，而雪山（即古祁连，在玉门县南百二十里南山之阳）之麓有石似玉，酒泉人采以制器，行销内地，殆即球、琳、琅玕之类欤？[①]

今天的酒泉出产夜光杯，随着唐代边塞诗名句"葡萄美酒夜光杯，欲饮琵琶马上催"，作为旅游纪念品的夜光杯不胫而走。十五年前我第一次到河西走廊时还买过一对夜光杯。2005年到甘肃天水、武山一带考察，发现制作酒泉夜光杯的原材料并不出自酒泉，而是武山。这种碧绿暗色的石料在材质和硬度上无法和新疆的和田玉相比，只能大略地称之为美石。其因边塞诗的顺风广告作用，声誉甚广，让许多到河西和敦煌的游客争相收藏。而懂得鉴别玉质和产地的真正收藏家，却对此不屑一顾。顾颉刚引用甘肃学者慕寿祺的推测，将酒泉产夜光杯的原材料看成雍州向中原进贡的"球、琳、琅玕之类"，似有张冠李戴之嫌。古人辨别玉质的能力远非今天的一般人士可比，他们心目中无价的美玉怎么可能是这种大批量出产的假玉呢？

在屈原写作的年代，内地文人就已经很熟悉以"瑶"为质地的仙界花朵，并称之为"瑶华"或者"瑶花"。如《九歌·大司命》："折疏麻兮瑶华，将以遗兮离居。"王逸注："瑶华，玉华也。"洪兴祖补注："说者云：瑶华，麻花也，其色白，故比于瑶。此花香，服食可致长寿，故以

[①] 《顾颉刚读书笔记》第四卷，联经出版事业公司1990年版，第1972页。

浙江余杭瑶山出土的良渚文化三尖冠玉饰（2009年摄于首都博物馆"早期中国展"）

为美。"究竟是因为吃了可以长寿呢，还是本来就属于不死的奇物？陈子昂《东征至淇门答宋参军之问》诗："碧潭去已远，瑶花折遗谁？"元代王恽的《平湖乐·寿李夫人》曲有句："洞里瑶华自高韵，八千春，袅烟已报长生信。"美玉所构成的"瑶华"就这样和长生不老药的神秘想象紧密联系在了一起。

自然而然，生长着不死仙药的地方，也就是诸神、群仙出没的地方，并被定名为"瑶华""瑶华圃""瑶界"。汤显祖《紫箫记·巧探》："一自残云飞画栋，蚤罢瑶华梦。"而《紫箫记·边思》中也有台词云："流照伏波营，飞入瑶华境。"元张翥《苏武慢·对雪》词："趁湖山晴晓，吟魂飞上，玉峰瑶界。"此处的"瑶界"，仍然指以美玉为自然背景的仙境。仙界与人间的最大差别就在于永生的有无。而永生的获得方式之一即食用玉英的神话信念与实践。《尸子》卷下："清水有黄金，龙渊有玉英。"《楚辞·九章·涉江》："登昆仑兮食玉英，与天地兮同寿，与日月兮同光。"难怪玉山、瑶池、瑶母、琳琅之类被古人津津乐道，审美还在其次，根本在于对永生的信仰与追求。姚鼐《核桃研歌为庶子叶书山先生赋》:"或言天上陨星精,下入渊谷为玉英。"恐怕昆仑的瑶华也有类似的神秘来源吧。

有了关于昆仑山西王母与玉神话的背景知识,再审视河西走廊上的地名"玉门"之起源,就有顺理成章的效果。"玉门"本来也和玉山、瑶台、瑶馆之类一样,是神话文学想象中的仙界景观。如《楚辞·刘向〈九叹·怨思〉》:"背玉门以奔骛兮,寨离尤而干诟。"王逸注:"玉门,君门。"《楚辞·刘向〈九叹·远游〉》:"回朕车俾西引兮,褰虹旗于玉门。"王逸注:"玉门,山名也。"曹操《陌上桑》诗:"驾虹霓,乘赤云,登彼九疑历玉门。"天上仙界的玉门是怎样挪到地上人间来的呢?这首先要归功于追求长生又贪恋昆仑美玉的西汉帝王——汉武帝。他在位期间大肆经营西域的交通,在河西走廊西端设置了玉门关。

年少时习唐诗,记得最牢的莫过于李白的"秋风吹不尽,总是玉关情"和王之涣的"羌笛何须怨杨柳,春风不度玉门关"。当时只知道玉门关是西部边塞的重要关口,

嘉峪关魏晋墓出土的彩绘牧羊画像砖(2006年摄于嘉峪关长城博物馆)

作为丝绸之路象征的唐三彩胡人骆驼俑（2007年9月摄于银川回族博物馆）

壹 河西走廊的文化镜像

那一带生活着牧羊的古羌人。如柳中庸《征人怨》诗所歌咏的:"岁岁金河复玉关,朝朝马策与刀环。"凄恻的情调中透露着征战杀伐的气息。但怎么也弄不明白古人何以对此关口如此痴情,写出那么多千古名句来。

按照《辞海》的解说:玉门关,"汉武帝置。因西域输入玉石取道于此而得名。故址在今甘肃敦煌西北小方盘城。关城方形如盘,北、西两面有门,北门外不及百公尺即疏勒河。和西南的阳关同为当时通往西域各地的交通门户。出玉门关的为北道,出阳关的为南道。"我们知道汉武帝时开河西四郡,"通西北国",派张骞出使西域,打通的是所谓"丝绸之路"。那么在该路线上设立的关口为什么不叫"丝门""帛门",却叫玉门呢?《汉书·西域传序》:"(西域)东则接汉,厄以玉门、阳关,西则限以葱岭。"显而易见,上古时代经过河西走廊运输的最重要的东西不是丝,而是玉!丝绸是当时的出口货物,而玉石则是进口货物。明吴骐《塞下曲》:"四牡骈骈出玉门,诏持缯帛赐乌孙。"说的是从中原向西域的乌孙国出口丝绸的情景。骆宾王《在军中赠先还知己》诗:"魂迷金阙路,望断玉门关。"鲍照《建除》诗:"成军入玉门,士女献壶浆。"说的是玉门关为兵戎军旅重地。历代封建王朝为了确保和田玉石和内地丝绸的进出口贸易,在多民族混杂的西北边塞集结重兵,护卫往来的商旅和官方使团。在帝王将相和豪门贵族极度欣赏和大肆享用和田美玉制品的现象背后,不知遮盖了多少次边关征战,增添了多少孤魂野鬼,诱发了多少征夫和闺妇之怨。这或许就是玉门关在古代诗文中获得极高表现频率与咏叹之原因吧。

如今,我国玉器收藏界盛传和田玉矿接近枯竭的消息。而我们在经过玉门市时,听说该市(1955年以石油矿区设立玉门市)因为石油被开采枯竭而整体搬迁,市民分别迁至嘉峪关和酒泉。人的贪欲能够让自然的贮备面临枯竭。石油的危机是世界性的,而和田玉矿的危机则会使最具中国特色的数千年玉文化传统面临釜底抽薪的困局。现代工业城市玉门可以随着

胡人骆驼俑（摄于甘肃省博物馆）

自然资源的枯竭而不复存在，而没有了和田的玉料供给，我们只能改唱唐诗为"羌笛何须怨杨柳，美玉不过玉门关"了。

玉门，玉门，这个传播了两千多年的玉石之路的美名，由于没有了玉的输送，恐怕要变得徒有虚名了。

贰　西部观念：中原人的建构

"西游"模式与想象的地理——从《楚辞》到《山海经》

由于西部是华夏种族与文化的双重根脉所在，所以在夏、商、周三代建立中原政权之后，从中原到西部进行寻根问祖式的朝圣、封禅、求神、巡狩一类活动，自古就形成了一种"向西部游历"的传统，再加上猎奇式的探索与发现之母题成为文学表现的一种"西游"原型模式数千年相延续，对建构汉文化的西部观念发挥着支配作用。

梳理汉语言文学的这种"西游"叙事模式，最为脍炙人口的作品莫过于明代小说《西游记》及后续之作《西游补》等，而追溯其原型的产生，则要诉诸先秦文学的"西游"叙事模式，从《山海经》《楚辞》到《穆天子传》，对后世文人的想象发挥着巨大的牵引和模式作用。

《山海经·西山经》讲到昆仑山，说是"帝之下都"，有虎身人面九尾的大神陆吾守卫在那里，还有多种吃人或杀戮生命的奇异鸟兽。什么叫

中印度寻法伽寺（元本《西游记》图，蔡铁鹰提供）

"帝之下都"呢？注家说，"天帝都邑之在下者"。换成现代的讲法，就是彼岸世界的天神在此岸世界的都市。虽在此岸世界，却不是凡夫俗子们所能够企及的神圣地方。因为这样的圣山，对于神明来说是不死的乐园，而对于俗人来说却是致命的凶险之地。唯有得到神明特殊嘉许的帝王或者英雄，才有可能来这里拜会神圣，领略仙境的不朽奇景。从现存文献来看，上古神话的第一大英雄——半神半人的羿来过这里，向西王母索要长生不老药；西周王朝最爱游历四方的帝王周穆王来过这里拜会西王母；最富有幻想能量的大诗人屈原在他想象之中的神幻游行中也来到过这里。除此以外，就没有太多的俗世来访者了。

上溯到神话传说时代，有不少远古神圣帝王们曾经在此留下足迹。例如，华夏人文共祖黄帝就曾居住在这里，留下"轩辕之丘"的地名，还有传说的"黄帝之宫"；画八卦的伏羲也曾在这一带活跃；农神后稷曾潜身于此；黄

贰　西部观念：中原人的建构

唐代镇墓兽陶俑（2006年摄于西安美术学院博物馆）

帝之孙，楚人的先祖颛顼也曾经在这一带经营。颛顼与共工争为帝，共工"怒而触不周之山，天柱折，地维绝"（《淮南子·天文训》）一事，就发生在这里。

不周山作为西北的"天柱"，因为共工的碰触而折断，直接的后果是"天倾西北，地陷东南"。这个神话要解释的是，东亚大陆西北高而东南低的地势为什么会有万条春水向东流的殊途同归的自然现象。不周山的具体位置如何呢？《楚辞·离骚》："路不周以左转兮，指西海以为期。"王逸注："不周，山名，在昆仑西北。"这点明了不周山在昆仑区域。《山海经·大荒西经》："西北海之外，大荒之隅，有山而不合，名

039

河西走廊——西部神话与华夏源流

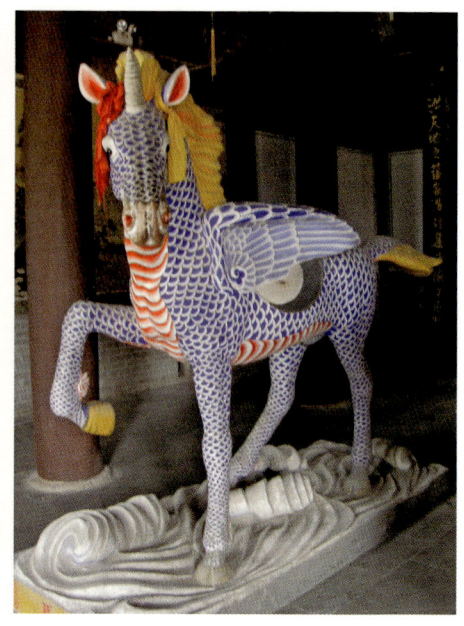

伏羲塑像（2005年摄于天水伏羲庙）　　龙马塑像（2005年摄于天水伏羲庙）

曰不周。"（据袁珂校）这又说明了"不周"的得名原因。这样一座奇妙的山，自然能够引发文人的灵感。赵翼《七十自述》诗："不周山下头曾触，无定河边骨欲寒。"从屈原以来的"西游"想象，其落脚点不是昆仑就是不周山，因为那里不仅是中国大陆母亲河的发源地，季风的发源地，也是神话传说时代中华民族的发祥地之一。

不周，在古代也是来自西北的风名。《史记·律书》："不周风居西北，主杀生。"西北来的风主杀生，这是冬季神话观的体现。《易纬·通卦验》："立冬，不周风至。"《文选·扬雄〈校猎赋〉》："帝将惟田于灵之囿，开北垠，受不周之制，以奉终始颛顼，玄冥之统。"李善注："西北为不周风，谓冬时也。"昆仑、不周山既然是江河和季风的双重源头，很容易被联想为生命与文化的源头。这样的类比给"西游"想象增添了文化寻根的主题，也就相当于某种中国版的复乐园。

神话的"乐园"想象以《圣经·旧约》的伊甸园最为著名。比较神话学

贰　西部观念：中原人的建构

古希腊瓶画搏斗人头马（2010年摄于苏黎世大学博物馆）

家认为古希伯来人的伊甸乐园神话来自巴比伦的"空中花园"想象。我国神话与之对应的母题是《楚辞·天问》说的昆仑"悬圃"。"悬"的意思是上不着天，下不着地，悬在空中。"圃"的意思是花园。"悬圃"简直就像是"空中花园"的意译。民国时学者苏雪林等就据此认为楚辞神话来源于西亚的巴比伦神话。这个争议难平的学术公案暂且不表，这里需要说明的是中国乐园神话的本土特色。"悬圃"的基本特色仍然是以美玉为环境象征的仙界不死景致，这是西方神话和世界其他民族神话所没有的玉石信仰的体现。除了前面提到的"帝之下都"，《山海经·西山经》叙述不周山和昆仑山之间，还有一座山叫槐江之山，是"帝之平圃"，美玉和黄金为其特产，人面马身神英招是其标志。英招神的皮

041

色像老虎的斑纹，身上长着大翅膀，能够飞行在四海上空，巡游宇宙。这样的形象很接近希腊神话里的森林精灵人头马（Centauri，又称马人）。英招神所守护的"帝之平圃"就是"悬圃"。《西山经》描绘其周围的景象是：

> 南望昆仑，其光熊熊，其气魂魂。西望大泽，后稷所潜也。其中多玉……

前面讲了河西地名"玉门"的得名背景，以及西部丝绸之路背后更加深远的玉石之路的存在，现在再审视中国乐园神话与玉文化的关联，也就容易理解了。在上古时期的华夏世界观中，关于西部想象的地理有其鲜明的本土特色，那就是以昆仑乐园为玉文化的神圣源头发展出的一系列"神玉"观念——将这种先民心目中世间最美的石头同神灵、神仙的不朽信仰结合起来，从而使美玉得以神化和圣化。而从天神天帝那里获得神力的古帝王和人文祖先们，当然也和神明一样，以食玉为其不朽的物质条件。

安徽凌家滩文化出土的玉神人像，距今五千三百年（2014年摄于安徽博物馆）

贰　西部观念：中原人的建构

食玉：中国式复乐园神话

玉，许慎《说文解字》以"石之美"三个字来定义，非常精当。从古汉语词汇中不难看出，古人把玉这种物质视为世间最美好的象征。玉还可以用作动词，指的是人类最美好的情感——爱。《诗经·大雅·民劳》有"王欲玉女（汝），是用大谏"的说法。《朱熹集传》："玉，宝爱之意。"玉汝，就是爱护你的意思。可见早自西周时代，玉已经被用作动词指代爱这种情感了。从可爱的对象物到爱本身，玉在中国传统文化中所受到的极度推崇确实是非比寻常的。

既然玉是石的一种，那么玉文化应该是广义的石文化的一个特殊部分，有成语"玉石不分""玉石俱焚"等为证。可以说，玉文化的基础就在于人类与石头打交道的数百万年的历史，其实也就是一整部的人类进化史。其开端应该追溯到四足动物变成两足动物的过程之中，或者是走下树的猿人打制出最初的旧石器工具那一时刻。

我们今天的词汇中还依然保留着那个异常久远的时代的痕迹。比如我们日常所说的"切磋一下"，或者"琢磨琢磨"，原来都是制玉的专用

安徽薛家岗文化出土的多孔石刀（2014年摄于安徽博物馆）

043

兴隆洼文化石器（摄于甘肃省博物馆"红山玉韵展"）

词汇。三百万年前的旧石器时代，猿人先祖们就是在"如切如磋，如琢如磨"的石器生产中度过的。换言之，没有琢磨石器的实际经历和知识经验在前，人们怎么会从满山遍野的石头材料中分别出又美又光的玉来呢？

玉文化，作为人与自然关系的一种浓缩，以及人与无机世界一种物质的特殊关联，是如何产生的呢？由于石多而玉少，就显出了玉的稀有性。在常见与罕见的自然筛选中，玉成为引人注目的一类特殊石头。又因为审美、宗教和伦理的观念联想作用，这类特殊石头才在整个无机世界中逐渐脱颖而出，从"石之美"者变成信仰中有特殊灵性乃至神性的一类。

全人类的文化都是从新石器时代过渡而来的，为什么偏偏只有我们的文化传统从石器的琢磨经验中升华出一个玉器时代，成为自石器时代到青铜时代之间的中介阶段呢？是制玉的原材料产地中国大地独一垄断吗？显然不是。世界上很多地方都有玉矿，唯有华夏将食玉同不死信仰联系在一起。这才是窥见玉文化传承奥妙的关键。

首先，玉是奉献给永生不死神灵世界的神圣食物。按照常人的想象，

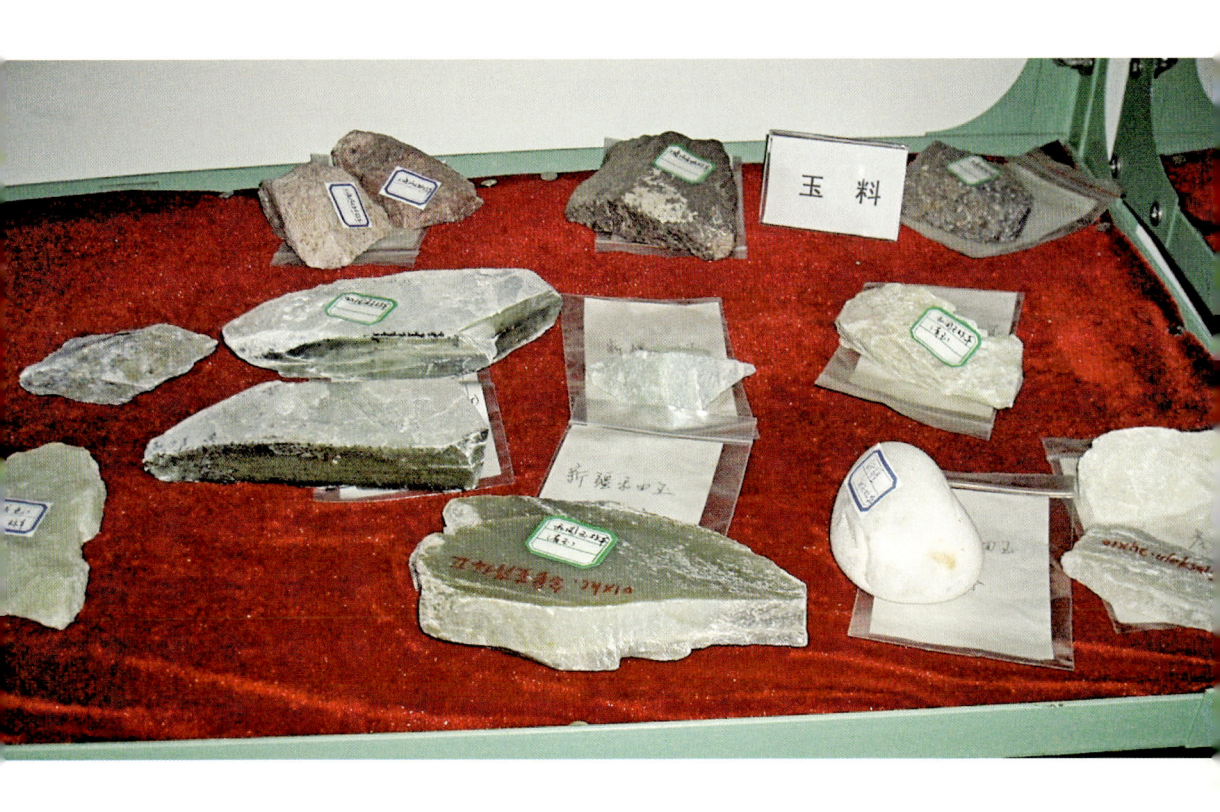

天界的神明也许会像人一样有吃有喝。神圣仪礼的功效就在于以食物祭献的方式来达成沟通神人两界。如班固《东都赋》所说："于是荐三牺，效五牲，礼神祇，怀百灵。"所谓三牺五牲，显然指用动物做牺牲。古礼又叫作少牢、太牢。这在肉食较稀有的时代是很尊贵的礼物，但更尊贵的礼物是玉。分析繁体"禮"字构成，就会有所认识。王国维等学者指出，"禮"字右边的"豊"，是祭献的容器豆盛着两串玉器！古文中还有一个"醴"字，非常形象地暗示出献给神的吃与喝。《仪礼·士冠礼》："禮于阼。"郑玄注："今文禮作醴。""醴"字左边的"酉"，以盛酒的坛子指代美酒；右边的"豊"，是礼器豆中盛着两串玉器。请神喝酒食玉，成为华夏礼仪神话的发生本义。从"禮玉"和"祀玉"的方式辨析中，可知道当初繁复精细的仪礼情况。

成都金沙遗址博物馆库房中的出土玉料（2005年摄）

045

河西走廊——西部神话与华夏源流

红山文化石钺（摄于甘肃省博物馆"红山玉韵展"）

安徽凌家滩文化出土的玉雕双兽首鹰，距今五千三百年（2014年摄于安徽博物馆）

赵宝沟文化石器（摄于甘肃省博物馆"红山玉韵展"）

贰 西部观念：中原人的建构

成都金沙遗址博物馆藏玉钺　　齐家文化玉璜（2006年摄于临夏博物馆）

夏鼐《学礼管释·释礼玉祀玉》云："古者祭天地之玉，有礼玉，有祀玉。礼玉荐于神坐，祀玉执之于手，《尚书·金縢》所谓'周公……植璧秉圭'是也。"在《穆天子传》中，西周天子如何随处以玉礼神，也记载得十分详细。《礼记·表记》所言"无礼，不相见"的规则，在穆天子的起居日志中得到充分验证。

其次，玉除了礼神，还是远古圣王孜孜以求的神圣美食。《山海经·西山经》："丹水出焉，西流注于稷泽，其中多白玉，是有玉膏，其原沸沸汤汤，黄帝是食是飨。是生玄玉……瑾瑜之玉为良，坚粟精密，浊泽有而光。五色发作，以和柔刚。天地鬼神，是食是飨；君子服之，以御不祥。"①

---

① 袁珂：《山海经校注》，上海古籍出版社1980年版，第41页。

047

辽宁建平牛河梁出土的红山文化玉兽面（2008年摄于辽宁省博物馆）

在此，享用玉食的不只是天地鬼神，黄帝乃至贵人君子，也有效法神明的此类食玉需求。玉膏，比喻玉石的脂膏，是古人梦寐以求的仙药——不死药。郭璞注引《河图玉版》："少室山，其上有白玉膏，一服即仙矣。"汉张衡《南都赋》："芝房菌蠢生其隈，玉膏滵溢流其隅。"晋张华《博物志》卷一："名山大川，孔穴相内，和气所出，则生石脂、玉膏，食之不死。"明无名氏《金雀记·定婚》："天台有路通蓬岛，绝胜裴航碾玉膏。"从这些近似神话的叙事中，不难体会作为不死仙药的玉膏信念是如何引领以奉献玉为礼仪的华夏上古宗教传统及食玉传统的。我们有理由把这种基于神话信念的食玉传统视为中国特色的个体性复乐园实践。个人借助食玉所获得的物质上和心理上的满足，在尘世之中足以达成幻想的永生乐园圣境。

这个传统究竟有多么久远呢？一般认为黄帝时代距今约五千年。那时毕竟没有成文史的记载，今人只能靠传说去推测和理解。20世纪后期在内蒙古东部发现的兴隆洼文

贰 西部观念：中原人的建构

化八千年前的玉器，证明早在黄帝时代到来之前，这块土地上的先民已经有了三千年的崇玉礼玉之历史。20世纪新兴的甲骨学也给我们提供了出自地下三千多年前的殷商历史材料。《甲骨文合集》的一片占卜辞：

> 戊戌卜，争贞：王归，奏玉，其伐。

奏，指进献，献祭。奏玉，是把美玉当作最滋养的食物献给神明。此外，《甲骨文合集》10171亦有"我奏丝玉"的卜辞，其和后来成为惯用语的合成词"玉帛"完全对应上了。《周礼·春官·肆师》："立大祭用玉帛牲牷。"献给神明的崇高礼品也同样是人间献礼的最好选择。"禹合诸侯于塗山，执玉帛者万国。"（《左传·哀公七年》）禹是夏朝的创建者，当时所有的邦国都拿玉帛作礼物以拥戴他。这体现了黄帝时代的食玉神话和殷商时代的奏玉礼神仪式之间崇玉传统的连续性。古代诸侯会盟执玉帛，是表示和好的象征。《左传·僖公十五年》："上天降灾，使我两君匪以玉帛相见，而以兴戎。"后人有所谓"化干戈为玉帛"一说，至今流行。常建《塞下曲》："玉帛朝回望帝乡，乌孙

晋国祭祀坑出土的玉龙——献给神的礼品（山西侯马晋国古都博物馆）

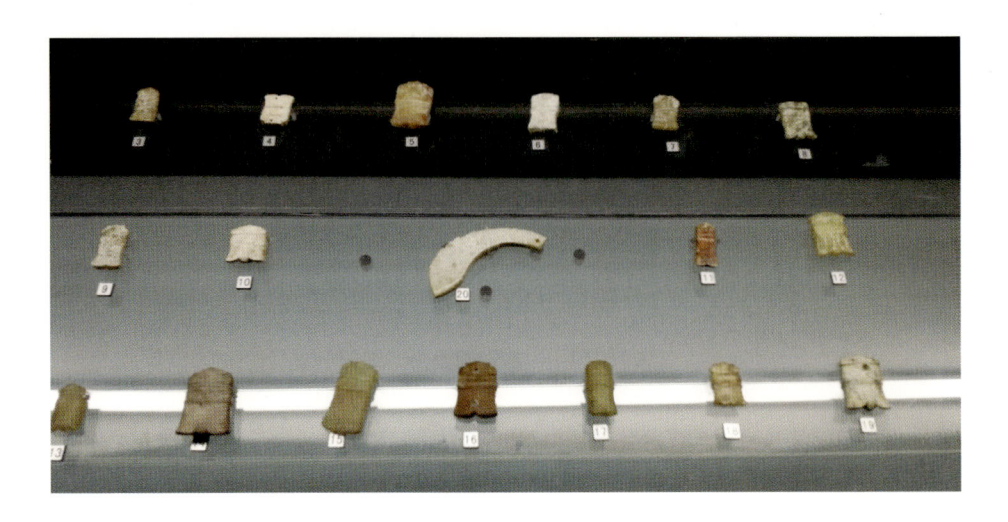

湖北天门出土的石家河文化玉蝉等,距今四千—百年(2014年摄于荆州博物馆)

归去不称王。"陆游《长歌行》:"万国朝未央,玉帛来联翩。"追忆的是大禹会盟万国诸侯的盛况。王实甫《西厢记》第四本第一折:"春意透酥胸,春色横眉黛,贱却人间玉帛。"说的是两情相悦而不在乎人间最宝贵的东西。后人只知道玉帛是贵重之物,却逐渐淡忘了二者分别是用于吃和穿的。

卜辞"我奏丝玉",是把人间认为最美好的食物和衣物奉献给神灵的意思。后人所谓"锦衣玉食",根源可追溯于此。"玉食"一说,从远古到现代不绝如缕,既可体现神话传说的不朽观念,又可作为世俗美食的比喻。《尚书·洪范》:"惟辟作福,惟辟作威,惟辟玉食。"孔传:"言惟君得专威福,为美食。"孙星衍疏:"玉食,犹言好食。"葛洪《抱朴子·诘鲍》:"崇节俭之清风,肃玉食之明禁。"陆游《秋夜读书有感》诗:"太官荐玉食,野人徒美芹。"清李渔《慎鸾交·情访》:"你也忒清高,撇下了朱门玉食,到这陋巷箪瓢。"鲁迅写《坟·春末闲谈》也说道:"要服从

贰　西部观念：中原人的建构

祭祀用玉璧（山西侯马晋国古都博物馆）　　安阳殷墟妇好墓出土的商代玉人像（2011年摄于国家博物馆）

作威就须不活，要贡献玉食就须不死。"可见玉食神话同永生不死的信仰始终联系在一起。

　　玉食的另一种表述是食玉。《周礼·天官·玉府》："王斋，则共食玉。"郑玄注："玉是阳精之纯者，食之以御水气。郑司农云：'王斋当食玉屑。'"孙诒让正义："先郑说盖据汉时神仙服食家言……然其说不经，于古未闻，殆不足据……盖王斋备盛馔，则馔具之器，亦宜备饰。食玉者，殆即以玉饰食器，若玉敦、玉豆之类皆是欤？"孙诒让是清末学者中以博学而著称者，他不相信食玉神话的真实性，把食玉解说成玉制食器。这如同孔子用现实理性解说黄帝四面神话，结果把神话消解掉了。由于孙诒让《周礼正义》的巨大影响，就连《汉语大词典》注解"玉食"都采纳了他的食器说，这就更加剧了食玉神话的现代遗忘。

明代白玉雕三阳开泰饰板（2009年摄于苏州博物馆）

从"玉英"到"玉精"——食玉神话的历史实践

下面列举一些与食玉神话和礼俗相关的素材，看看华夏传统中食玉观念的丰富多样性，希望通过语言的"化石"找回失落的信仰线索。

第一是"玉英"。楚国大诗人屈原在《楚辞·九章·涉江》中写道："登昆仑兮食玉英。与天地兮同寿，与日月兮同光。"屈原点明"食玉英"的背景在昆仑山，那正是古代传说中昆山美玉的产地，即历代帝王爱玉者乃至今日的收藏家们向往不已的和田玉所在。《离骚》也说："折琼枝以为羞兮，精琼爢以为粻。"王逸注："言我将行，乃折取琼枝，以为脯腊，精凿玉屑，以为储粮，饮食香洁，冀以延年也。"洪兴祖补注："琼树生昆仑西……其华食之长生。"萧兵先生的今译："折下琼树之枝充佳肴啊，细磨玉屑当干粮。"除了屈原，其他作者也讲到食物玉英，并

贰　西部观念：中原人的建构

红山文化鸮形玉牌，距今五千年（2011年摄于国家博物馆）

皆带有神秘色彩。如《尸子》卷下："清水有黄金，龙渊有玉英。"《史记·孝文本纪》："欲出周鼎，当有玉英见。"清姚鼐《核桃研歌为庶子叶书山先生赋》："或言天上陨星精，下入渊谷为玉英。"这是把玉英美食的来源从大地上的昆仑山转换到了天上。唐王湾《奉使登终南山》诗："玉英时共饭，芝草为余拾。"诗人借幻想把天上的珍贵食物放到了自己的饭桌上。

第二是"玉桃"。贾思勰《齐民要术》引《神农经》曰："玉桃，服之长生不死。若不得早服之，临死日服之，其尸毕天地不朽。"这一说法暗示出古帝王以玉敛尸习俗的观念基础。

第三是"玉草"。《十洲记·玄洲》："玄洲在北海之中……饶金芝玉草，乃是三天君下治之处。"《典术》："饵玉草长生。玉草一名通天，价值千万，阴干日服方寸七，令人得仙。"

第四是"玉液"。《汉武故事》："太上之药有中华紫蜜、云山朱蜜、玉液金浆。"洪昇《长生殿·尸解》："此乃玉液金浆。你可将去，同玉妃到坟前，沃彼原身，即得炼形度地，尸解上升了。"

第五是"玉屑"或"玉粉"。唐姚合《寄李群玉》诗："石脂稀胜

江苏海安出土的崧泽文化玉饰（2006年5月摄于南京博物院）

乳，玉粉细于尘。"苏轼《浣溪沙·绍圣元年游大云寺野饮》词："玉粉轻黄千岁药，雪花浮动万家春。"《三国志·魏志·卫觊传》："昔汉武信求神仙之道，谓当得云表之露以餐玉屑，故立仙掌以承高露。"宋谢翱《后桂花引》："修月仙人饭玉屑，瑶鸭腾腾何处爇。"

第六是"玉屑饭"。琼靡玉屑一类食物毕竟太缥缈难求，正如长生不可求，于是有文人退而求其次，构想出吃后一生无病的"玉屑饭"。唐段成式《酉阳杂俎·天咫》："（其人）因开襆，有斤凿数事，玉屑饭两裹，授与二人，曰：'分食此，虽不足长生，可一生无疾耳。'"

第七是"玉馈"。一种神话传说中的仙酒。《神异经·西北荒经》："西北荒中，有玉馈之酒，酒泉注焉……酒美如肉，澄清如镜。"南朝陈张正见《置酒高殿上》诗："清醥称玉馈，浮蚁擅苍梧。"

第八是"玉馔"。玉食的同义语。左思《吴都赋》："矜其宴居，则珠服玉馔。"杜甫《麂》诗："永与清溪

贰　西部观念：中原人的建构

红山文化方玉璧（2007年9月摄于辽宁省博物馆）　　清代白玉雕双龙杯（2009年摄于苏州博物馆）

别，蒙将玉馔俱。不敢恨庖厨，乱世轻全物。"《明史·乐志三》："羔豚升华俎，玉馔充方圆。"

第九是"玉沥"。庾信《周谯国公夫人步陆孤氏墓志铭》："是以天厉之疾，遂成沉痼。玉沥难开，金膏实远。"倪璠注："玉沥，玉膏也。"玉膏能够敷衍出众多别名，可知其流传广远。

第十是"玉瀣"。也是一种酒。宋陆游《鹧鸪天》词："斟残玉瀣行穿竹，卷罢《黄庭》卧看山。"元袁桷《句曲山迎真送真词》之二："山中老人年送迎，一酌寒泉过玉瀣。"

第十一是"玉髓"。道家神话美食。唐皮日休《以毛公泉一瓶献上谏议》诗："澄如玉髓洁，泛若金精鲜；颜色半带乳，气味全和铅。"李时珍《本草纲目·金石二·白玉髓》认为玉髓就是玉膏。

第十二是"玉浆"。神话传说中仙人的饮料。曹操《气出唱》诗之一："仙人玉女，下来遨游。骖驾六龙饮玉浆。"郭璞《山海经图赞·太华山》："华岳灵峻，削成四方，爰有神女，是挹玉浆。"李白《西岳云台歌送丹丘子》："玉浆倘惠故人饮，骑二茅龙上天飞。"

第十三是"玉蕊"，亦作"玉蘂"。《汉武内传》："王母曰：'昌城玉蕊，夜山火玉，有得食之，后天而老。'"晋庾阐《游仙诗》之八：

055

陕西长安张家坡西周贵族墓出土的玉鱼及鱼形刻刀（2011年摄于国家博物馆）

贰 西部观念：中原人的建构

良渚文化玉璧（2009年摄于苏州博物馆）

"朝餐云英玉蕊，夕挹玉膏石髓。"庾肩吾《东宫玉帐山铭》："玉蕊难移，金花不落。隐士弹琴，仙人看博。"可见玉蕊仍是理想化的仙药。

第十四是"玉尘"。《渊鉴类函·道部·仙二》引汉刘向《列仙传》："一叟曰：'君输我瀛洲玉尘九斛，阿母疗髓凝酒四钟。'"晋葛洪《抱朴子·金丹》："绮里丹法：先飞取五石玉尘，合以丹砂汞，内大铜器中煮之。百日五色，服之不死。"

第十五是"玉精"。《汉书·礼乐志》："璧玉精，垂华光。"颜师古注："言礼神之璧乃玉之精英，故有光华也。"梁简文帝《七励》："蝉鸣秋稻，燕颔玉精。"看来也是仙丹妙药一类。至于其疗效，陶弘景《真诰·甄命授》有记载："君曰：仙道有徊水玉精，服之化而为日。"如此神效的仙药，连名贵的人参也要假借它的大名，《太平御览》卷九九一引《吴氏本草》："人参，一名土精，一名神草，一名黄参，一名血参，一名久微，一名玉精。"

057

山西绛县倗伯夫人毕姬墓出土的白玉龙纹璜加红玛瑙管玉组佩（2011年摄于国家博物馆）

贰　西部观念：中原人的建构

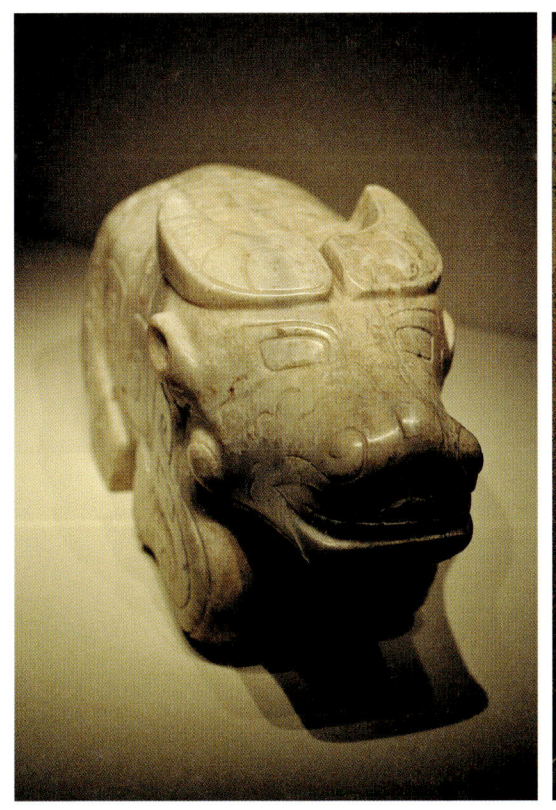

殷墟妇好墓出土的玉牛（2011年摄于国家博物馆）　　　　　良渚文化玉殓葬（江苏武进寺墩3号墓出土）

　　看了这么多食玉神话的素材，再读《红楼梦》贾宝玉含玉而生的情节，一定会有新的领会。不妨再参看8世纪初日本的第一部古籍《古事记》，讲海神女儿丰玉毗卖如何对含玉的美男火远理命一见钟情，就明白同样的神话早就不限于在中国流行了。

059

叁 "西游"的文化范式及其转换
——从《穆天子传》到《西游记》

《穆天子传》：昆仑玉乡朝圣史诗

经过对中国式复乐园神话的透视，再来看《穆天子传》所讲述的穆王西游故事，可以获得新的理解。那既不是一般意义上的巡狩、封禅，也不是寻常的旅游、探险，而是西周帝王对华夏版图以西的西部边地所特有的神玉源头的一次朝圣之旅。

今通行本《穆天子传》共六卷，前三卷讲述西征过程，四、五两卷讲述东归及以后事，第六卷或疑为后人添加，叙述盛姬死丧之事。若将前三卷看作一个完整的穆王西征故事，那么其叙事的主干大体围绕着玉神话及玉礼仪而展开。试简化其情节分析如下：

第一卷讲穆天子北出边塞，到达犬戎之地、河宗之邦。天子举行盛大的仪式祭祀河神：天子将玉璧交给河宗邦主伯夭，伯夭将此玉璧向西沉入黄河，以祭献河神。祝官们辅佐这个盛大的仪式典礼，将牛马豕羊等作为祭献

叁 "西游"的文化范式及其转换

牺牲沉入河底。河宗告诉天子:"昆仑山有高原四处,清泉七十处。那里特产珍稀绝伦的宝玉。你应该去昆仑之丘,看看那里的宝玉。"天子接受建议,折向西方进发。在黄之山上观看图典,了解所谓"天子之宝器"的情况,主要有"玉果、璇珠、烛银、黄金之膏"。

这一卷不妨视为西征的序曲:始于以玉璧献祭河神的礼仪,引出穆天子对西方昆仑美玉的探索欲望。二事之间的联系就在于"河出昆仑"的信念。

第二卷讲述西征过程的主体。共有四个与宝玉相关的情节单元:

其一,在吉日辛酉这一天,天子登上昆仑高峰,参观黄帝之宫。备齐全套的牺牲,祭拜昆仑山。随后再度北征,住在一个名叫珠泽的大泽畔。当地人献上白玉等贡品。

其二,天子盘桓在昆仑一带以守黄帝之宫,南司赤水而北守舂山之宝,还向当地人赏赐黄金之环、朱带、贝饰等。季夏丁卯日,天子北升于舂山之上以望四野,感叹说:"舂山是唯天下之高山也。这里清水出泉,温和无风,飞鸟百兽之所饮食,是先王所谓'悬圃'。"天子在这个地方得到非常珍稀的宝物——玉荣枝斯之英。他高兴得一连五天都在这座舂山之上欣赏美景,并且在这神仙的花园"悬圃"题刻,以昭告后世。

其三,离开昆仑,天子继续西征到赤乌。赤乌之人献酒千斛,食马九百,羊牛三千。穆天子说赤乌人与周人同宗,并且"贿用周室之璧"。赤乌酋长向周天子介绍本地的名山,说那是天下最好的良山,宝玉之所在,嘉谷生长,草木硕美,并且献上美女二人。兴奋的穆天子感叹道:"赤乌氏,美人之地也,宝玉之所在也!"

其四,癸巳日,天子到了"群玉之山",容成氏之所守。"天子于是取玉三乘,玉器服物,于是载玉万只。天子四日休群玉之山,乃命邢侯待攻玉者。孟秋丁酉,天子北征,□之人潜时,觞天子于羽陵之上,乃献良马牛羊。天子以其邦之攻玉石也,不受其牢。"

在这一卷的四个情节单元中,每个单元都围绕着穆天子获得美玉的中

061

陕西扶风齐家村出土的西周白玉蚕（引自古方主编《中国出土玉器全集·陕西卷》）

西周早期的交鼎（上海博物馆）

西藏昌都县卡诺遗址出土的新石器时代陶塑猴头

石峁遗址采集的白玉人头像（摄于陕西历史博物馆）

叁 "西游"的文化范式及其转换

心事件展开叙事。先是在珠泽得到白玉,接着在人间仙境的悬圃得到"玉荣枝斯之英",随后又在赤乌的良山得到美人加宝玉,最后在群玉之山获得巨大数量的美玉——"取玉三乘,玉器服物,于是载玉万只"。如果仅从这些内容看,完全可以把穆王西征的探求目标锁定为获取大量的美玉。值得注意的是,古人对产地不同的玉料,有着非凡的鉴别能力。所以叙述者对每一地方的玉产会给予不同的名目,使之个性鲜明,决不随意混同或者马虎从事。每一次获得宝玉,或者突出其物以稀为贵的珍贵一面,或者称其色泽之白皙,或者强调玉产之丰盛,数量之惊人。中原王朝对于西域美玉的艳羡赞叹之情,早已随着叙事的进展而溢于言表。正是在这样的玉神话背景铺垫之下,下文演出了在美玉仙境之中发生的男女主人公对酒当歌的一幕神话剧。

金沙遗址出土的巨型玉琮

金沙遗址出土的大玉琮　　　　　　牛河梁出土的玉瑗(辽宁省博物馆)

第三卷为西征故事的高潮：吉日甲子，天子拜见西王母。穆天子手里捧着白色的玉圭和黑色的玉璧晋见西王母，献上的中原礼物是精美的丝绸织品，共四百纯。西王母举行答谢之礼，接受这来自丝国的厚礼。次日，天子觞西王母于瑶池之上，西王母为天子谣曰：

  白云在天，
  山陵自出。
  道里悠远，
  山川间之。
  将子无死，
  尚能复来。

天子答之曰：

  予归东土，
  和治诸夏。
  万民平均，

叁 "西游"的文化范式及其转换

红山文化玉玦组（2007年摄于甘肃省博物馆"红山玉韵展"）

吾顾见汝。

比及三年，

将复而野。

　　前面已经说明，瑶池就是美玉之池，西王母又称"瑶母"，即玉母、玉女神。后来华夏道教神话的第一尊神叫"玉皇大帝"，其实都有着玉神话这个共同的信仰背景。西周王朝第五代天子，是后羿以来唯一到达昆仑仙境见到玉女神的凡人。他的西征事迹受到历代文人墨客的羡慕也就顺理成章了。陶渊明诗句"泛览《周王传》，流观《山海图》"，足以揭示《穆天子传》《山海经》两部奇书在后人心目中的特殊地位。两部书所透露的昆仑玉乡、仙乡神话景观，以及帝王玉乡朝圣历程，大体上铸就了华夏文学的西部想象范型。

065

陕西长安张家坡西周墓出土的白玉雕龙凤人形玉佩（引自古方主编《中国出土玉器全集·陕西卷》）

叁 "西游"的文化范式及其转换

战国双熊首玉璜（南京博物院）

我们知道神话中的后羿翻越昆仑险阻来找西王母，是为了得到不死仙药。那么周穆王来会西王母的目的又是什么呢？可惜现存的文本叙事只交代了二人在瑶台宴饮对歌的浪漫场景，却没有具体说明穆王来此地的目的。从他一路上不断赏赐金银、丝绸、贝带和"朱"，大量获取美玉的情况看，实际上有些"国际贸易"互通有无的性质。顾实《穆天子传西征讲疏》说："珠玉取之于西方，金银盖出自中国。以《穆传》但有赏赐金银于西方之人，而未有取金银于西方也。"先秦的中原王朝以本土的金银丝绸换取西域的珠玉，或许就是汉朝经营丝绸之路之前存在玉石之路的经济贸易基础。

有学者也意识到了周穆王西征取玉在华夏玉文化史上的重大意义。比如说："后人考证：这群玉山即今新疆密尔岱山（在莎车附近），以盛产美玉闻名于世。我国历代帝王所需宝玉，大多来源于此。清朝政府曾规定，当地每年要以一万斤美玉晋京呈贡。……然而在将近三千年前的周穆王，就已经亲临其境，并带回万块宝玉，这不能不说是我国悠久历史上的

齐家文化玉琮（2017年摄于玉门市博物馆"玉润丝路玉石文物展"）

一件旷古未有的大事。"①

值得注意的是，《穆天子传》中也讲到天子以佩玉等玉器赏赐西域之民的情况。如第一卷河宗伯夭祭祀河神用的玉璧是穆天子授予的，数量是一块。同卷末尾处讲天子在温谷乐都赏赐七萃之士"左佩玉华"，数量也是一件。第三卷讲天子在瑶池会见西王母之后，到大旷原大乌解羽的地方逗留，获得大批兽皮鸟羽，居然装满了一百辆车。随后在沙衍赏赐奔戎佩玉，数量还是"一只"。第四卷讲天子在从西域返回中原的路途中，赏赐伯夭佩玉，数量仍然只有"一只"。

总合起来看，周天子这次出行历时两年多，从西域获得美玉矿石数量无数，仅一次就"载玉万只"（卷二），所赏赐西域之人的玉璧玉佩总共四件。这种情况说明，西域出产玉石原料，却没有琢玉攻玉的文化传统；中原王朝有着玉文化的悠久传承和高级加工技术，玉璧玉佩作为

---

① 贺松如、董健身：《周穆王传奇》，上海古籍出版社1987年版，第162页。

叁 "西游"的文化范式及其转换

良渚文化玉环(摄于南京博物院)

殷墟妇好墓出土的玉熊龙(2011年摄于国家博物馆)

中原帝国的国家礼器或者王公贵族的配饰，具有高度的文化附加值，非天然状态的玉料矿藏所能够比拟。"和田自古以产美玉著称，但玉雕业出现较晚。这个采集于墨玉县库木拉巴特沙漠遗址的实心软玉瓶时代大约为唐代，是截至目前发现的和田最早的玉雕产品。"①以出产世界顶尖级玉料而著称的和田，古称于阗，地理位置就在昆仑山麓，正是中原想象之中的以玉山、玉乡为特色的神仙世界。可是和田迄今尚未发现唐

① 李吟屏：《和田考古记》，新疆人民出版社2006年版，前言第2页图一说明。

代之前的玉制器物，说明当地本没有玉崇拜传统，也不制造玉雕产品，难怪周穆王赏赐的玉佩等被当地视为珍稀贵重之礼品。用今天的话讲，似乎有点"来料加工"的意味。

以上情况表明，和田美玉是被华夏的玉文化传统所发现的。据现有考古材料判断，东亚玉文化传统始于内蒙古东部、辽宁西部的兴隆洼文化，其所制作的珠、管、玦一类玉佩早在八千年前就已经相当成熟，其形制也和夏、商、周三代以来的基本一致。不过其所使用的玉料不是出自西域，而是来自被称作地方玉的辽宁岫玉，其在硬度和密度等物理条件方面逊色于和田玉。古书中称之为"夷玉"。据出土的玉器材料分析，华夏文化使用和田玉的时间在龙山文化到夏商之际，相当于五千至四千年前（也有个别观点认为仰韶文化玉器中已经有和田玉）。从河西走廊以西的新疆地区到中原地区，在发现和输送和田玉方面有一个起到重要中介作用的史前文化，那就是分布在河西走廊东面的齐家文化。那是继北方的兴隆洼文化和红山文化、南方的良渚文化和石家河文化之后，在四千多年前大量使用玉器的一种西部文化，也是将和田美玉的重大发现传播到中原王朝的中介者，其族属当为氐羌西戎人的部落先祖，也就是中原汉文化圈之外的少数民族。对此，我们将在后面加以探讨。

《西游记》对上古"西游"范式的转换

昆仑玉山、悬圃、瑶池西王母以及黄帝之宫的神话想象，使得自古以来的历代君王莫不心向往之，历代文人莫不艳羡之。体现在《穆天子传》的"西游"范式，可以说铸就了佛教传入中国以前华夏本土神话与宗教信念之中最重要的源头地区——充满美玉的西部神山。

自汉代佛教传入以后，情况发生了很大的变化。首先是佛教发源地印

叁 "西游"的文化范式及其转换

和田青玉瑗（山西侯马晋国古都博物馆）　　殷墟妇好墓出土的玉凤（2011年摄于国家博物馆）

度古国取代先秦神话的昆仑，成为建构新的西方想象的范型。小说《西游记》在这个转换过程中起到了不可替代的推动作用。它叙述的是孙悟空保唐僧西天取经，历经九九八十一难的故事。唐僧取经是历史上一件真实的事。距今一千三百多年前，即唐太宗贞观元年（627），25岁的和尚玄奘离开京城长安，只身到天竺（印度）游学。他从长安出发后，先出河西走廊，然后经今新疆、阿富汗、巴基斯坦，历尽艰难险阻，最后到达佛教圣地印度。他在那里学习了两年多，于贞观十九年（645）返回长安，带回佛经657部。玄奘远行印度，历时19年，行程几万里，是一次传奇式的走天涯大探险，世所罕见。后来玄奘口述西行经历，由弟子辩机辑录成《大唐西域记》一书，讲述西行路上见闻，介绍各国的历史、地理及交通，但文学性不足。他的弟子慧立、彦悰撰写的《大唐大慈恩寺三藏法师传》，为玄奘的西天取经故事增添了传奇色彩。此后，玄奘西游故事广为流传。南宋有《大唐三藏取经诗话》，金代院本有《唐三藏》《蟠桃会》等，这些都为《西游记》的问世开了先河。明代小说家吴承恩综合前人的多种叙事，经过再创造，贡献出引人入胜的《西游记》，遂彻底改变了国人对西部的

河西走廊——西部神话与华夏源流

体现佛教宇宙观的坛城壁画（2005年摄于拉卜楞寺）

拉卜楞寺中的《西游记》壁画

想象范式。

《西游记》从开天辟地讲起，借鉴佛教世界观，替代了自古以来的中原中心世界观：让"中国"变成"东国"，即所谓"东胜神洲"，并且同"西国""南国""北国"等四分天下："盘古开辟，三皇治世，五帝定伦，世界之间，遂分为四大部洲：曰东胜神洲，曰西牛贺洲，曰南赡部洲，曰北俱芦洲。"

《西游记》全书一百回，从总体空间上看其结构，可分成两个部分。第一回至第十二回是第一部分，场景为"东胜神洲"，内容主要是两大主人公的出场。第一回至第七回讲述了孙悟空的神奇诞生、经历和大闹天宫等；第八回至第十二回讲述的是"东胜神洲"唐僧的故事，引出取经的

叁 "西游"的文化范式及其转换

缘由。第十三回至最后一回是第二部分,场景随着唐僧西天取经而转向"西牛贺洲"。唐僧一路上收了孙悟空、猪八戒、沙和尚三个徒弟,历经九九八十一难,终于到达西天取到真经,修成正果。《西游记》向人们展示了一个绚丽多彩的神魔世界,作者丰富而大胆的西部想象是前无古人的。西行取经路上遇到的那些妖魔,是《穆天子传》里绝对没有的新内容。对此,现代的文学评论家一般理解为"邪恶势力的象征",并且要从反映封建社会现实的意义上去解说。

> 他们的贪婪、凶残、阴险和狡诈,也正是封建社会里的黑暗势力的特点。不仅如此,玉皇大帝统治的天宫、如来佛祖管辖的西方极乐世界,也都浓浓地涂上了人间社会的色彩。而作者对封建社会最高统治者的态度也颇可玩味,在《西游记》中,简直找不出一个称职的皇帝;至于昏聩无能的玉皇大帝、宠信妖怪的车迟国国王、要将小儿心肝当药引子的比丘国国王,则不是昏君就是暴君。对这些形象的刻画,即使是信手拈来,也无不具有很强的现实意义。

这是20世纪崇尚文学的现实主义取向特定语境中较为典型的分析话语。而笔者这里所要着眼的,是《西游记》虚构的一面,即它对中国人西部想象的再造意义。跟随唐僧、孙悟空等的西行足迹,读者也会经历一场幻想中的冒险探奇之旅。西天取经路途上的种种凶险和奇异经历——所谓"九九八十一难",恰是小说最具魅力的部分。在《西游记》中,华夏本土原有的神话、仙话内容被佛教、道教的世界观重新改造,保留了西王母、瑶台的传统意象,将其组合到新的男性中心的天神世界景观中。原来昆仑神话中具有中心地位的玉女神被置换为天宫中至尊的玉男神。

拉卜楞寺中的"猪八戒大战流沙河"壁画

叁 "西游"的文化范式及其转换

却表启那个高天上圣大慈仁者玉皇大天尊玄穹高上帝，一日，驾坐金阙云宫灵霄宝殿，聚集文武仙卿早朝之际，忽有邱弘济真人启奏道："万岁，通明殿外，有东海龙王敖广进表，听天尊宣诏。"玉皇传旨：着宣来。

敖广宣至灵霄殿下，礼拜毕。旁有引奏仙童，接上表文。玉皇从头看过。表曰：

"水元下界东胜神洲东海小龙臣敖广启奏大天圣主玄穹高上帝君：近因花果山生、水帘洞住妖仙孙悟空者，欺虐小龙，强坐水宅，索兵器，施法施威；要披挂，骋凶骋势。……"

玉男神，俗名"玉皇大帝"，如今已经是家喻户晓的角色。他在天庭以"朕"的口吻发号施令，连在一般民众心目中能行云布雨、神通广大、主宰丰歉的龙王爷，也要在其跟前俯首叩拜，自称"小臣"。这显然是把地上现实的国君权力投射到了虚幻天庭神界。小说所描绘的天宫"灵霄宝殿"，其实也是对上古昆仑玉世界一种豪华版的置换，且看孙悟空随同太白金星缓步来到天庭时的所见所闻。

初登上界，乍入天堂。金光万道滚红霓，瑞气千条喷紫雾。只见那南天门，碧沉沉，琉璃造就；明幌幌，宝玉妆成。……明霞幌幌映天光，碧雾蒙蒙遮斗口。这天上有三十三座天宫，乃遣云宫、毗沙宫、五明宫、太阳宫、化乐宫，……一殿殿柱列玉麒麟。寿星台上，有千千年不卸的名花；炼药炉边，有万万载常青的瑞草。又至那朝圣楼前，绛纱衣，星辰灿烂；芙蓉冠，金璧辉煌。玉簪珠履，紫绶金章。金钟撞动，三曹神表进丹墀；天鼓鸣时，万圣朝王参玉帝。又至那灵霄宝殿，金钉攒玉户，彩凤舞朱门……

小说这一段描绘不避重复地使用了四个"玉"字，充分突出了"玉皇"所在的玉环境背景与尘俗世界的差别。至于"千千年不卸的名花，万万载常青的瑞草"一类夸张笔墨，无非是将昆仑仙界原有的永生不死特色照搬过来。增加的是所谓"红霓""紫雾""金光""明霞""金璧辉煌"的渲染。总之，美玉属于玉皇所统领的天神不朽世界。作为对立面，冒犯了玉皇神界权威的孙悟空，其出身则被归类到孕育美玉的石头。

按照玉石分化的逻辑，玉属于天上的神界，石属于地上的人间。天上不死，而地上的俗世生命也有获得不死的方法，那就是成仙、成佛。从小说第一回"灵根育孕源流出，心性修持大道生"开始，孙悟空一生所表演的正是石头猴如何先成仙，然后成佛的奇妙经历。按照中国玉神话的基本模式，这就好比石头状的"璞"脱胎变化成"玉"。《西游记》开篇讲到的灵石，作为主人公孙悟空的非正常孕育与出生的神话意象，其实也就是对玉神话的一种隐喻转换，是在《红楼梦》之前上演《石头记》（《红楼梦》本名《石头记》)好戏的主人公玉缘神话叙事。

> 孙悟空，东胜神洲傲来国花果山天产妖猴。出家学艺二十年，成人像，得法名，学成归山称王。东海威逼龙王贡物，阴司强销猴类户籍。惊动天庭，被玉帝招安，封"弼马温"职，不堪忍受如此卑微的官职，逃离天宫，返回花果山，自封"齐天大圣"。二度被招安，逼迫玉皇大帝封给"齐天大圣"名号。又因有职无权而大闹天宫，遭玉帝借西天如来佛之威力镇压。五百年后皈依佛门，被如来利用护送唐僧西天取经，为唐僧大徒弟。一路上历尽艰辛，杀妖降魔，辅佐有功，终被如来佛晋升为"斗战胜佛"。

从中国本土理想的"成仙"到佛教理想的"成佛"，孙悟空具有如此慧根的原因就埋藏在他孕育诞生的奥秘中，也是玉帝愿意将他招安的理由。

牛河梁出土的红山文化玉凤（辽宁省博物馆）

16世纪缅甸汉白玉佛造像（2015年摄于上海博物馆"印度佛教艺术展"）

红山文化双联璧（辽宁省博物馆）

大天尊宣众文武仙卿，问曰："这妖猴是几年产育，何代出身，却就这般有道？"一言未已，班中闪出千里眼、顺风耳道："这猴乃三百年前天产石猴。当时不以为然，不知这几年在何方修炼成仙，降龙伏虎，强销死籍也。"玉帝道："那路神将下界收伏？"言未已，班中闪出太白长庚星，俯伏启奏道："上圣三界中，凡有九窍者，皆可修仙。奈此猴乃天地育成之体，日月孕就之身，他也顶天履地，服露餐霞；今既修成仙道，有降龙伏虎之能，与人何以异哉？臣启陛下，可念生化之慈恩，降一道招安圣旨，把他宣来上界，授他一个大小官职。"

如果没有印度传来的佛教理想，道教修炼的成仙一途乃是本土信仰的至高人生目标。有了"成佛"理念的参照，本土的不朽之仙难免有些被妖魔化。以孙悟空的"天地育成之体，日月孕就之身""顶天履地，服露餐霞"和"修成仙道"来看，就好比石头似的璞已经琢磨成了美玉。可是，从更加广大的佛教理念看，本土的仙远未达到修成正果的境界。仙猴王随太白金星见玉帝时，其名分就叫"妖仙"。

叁 "西游"的文化范式及其转换

太白金星领着美猴王到于灵霄殿外，不等宣诏，直至御前，朝上礼拜。悟空挺身在旁，且不朝礼，但侧耳以听金星启奏。金星奏道："臣领圣旨，已宣妖仙到了。"玉帝垂帘问曰："那个是妖仙？"悟空却才躬身答应道："老孙便是。"仙卿们都大惊失色道："这个野猴！怎么不拜伏参见，辄敢这等答应道：'老孙便是'，却该死了，该死了！"玉帝传旨道："那孙悟空乃下界妖仙，初得人身，不知朝礼，且姑恕罪。"

拉卜楞寺中的"孙悟空三打白骨精"壁画

079

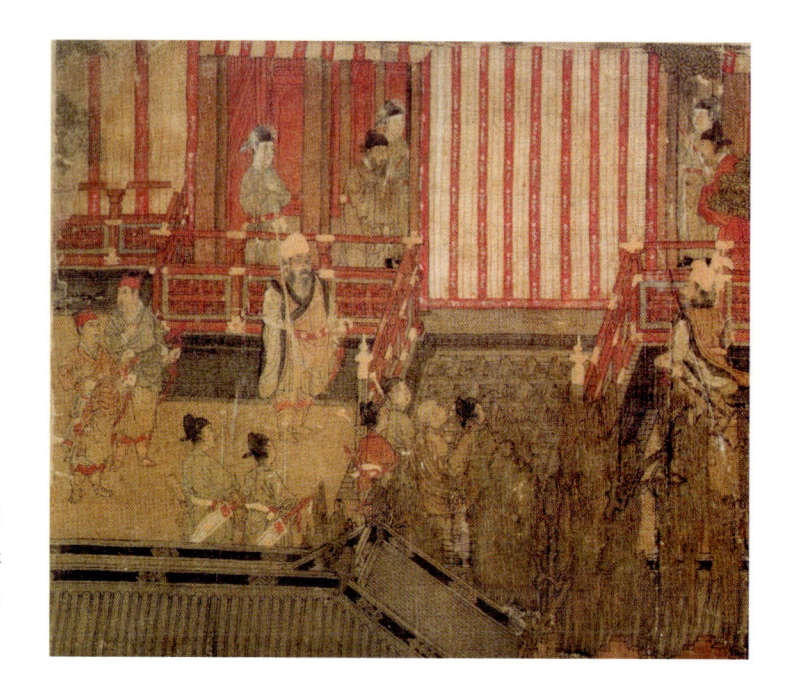

唐僧取经回国（元本《西游记》图，蔡铁鹰提供）

"妖仙"在天庭的出场，表现的是"野"。大闹天宫，是野性难驯的延续。只有如来佛的教化威力，加上五百年的时间周期，才使得妖仙野猴走上取经正途，获得成佛成圣的契机。佛教理念对华夏本土人生观的改造作用，在此显得格外分明。

小说第五回"乱蟠桃大圣偷丹，反天宫诸神捉怪"，孙悟空大闹王母娘娘蟠桃会一场，是再度体现妖仙野性的场景，也是《西游记》重现瑶台神话，依稀地回应周穆王拜见西王母的历史记忆之场景。

西王母为办蟠桃会，派七仙女到孙悟空所看管的仙桃林采桃。"先在前树摘了二篮，又在中树摘了三篮，到后树上摘取，只见那树上花果稀疏，止有几个毛蒂青皮的。原来熟的都是猴王吃了。"七仙女碰到大圣，讲明来意，孙悟空问受邀请的是谁，仙女道："请的是西天佛老、菩

叁 "西游"的文化范式及其转换

拉卜楞寺中的《西游记》壁画　　　　拉卜楞寺中的藏传佛教护法天王壁画

萨、圣僧、罗汉，南方南极观音，东方崇恩圣帝，十洲三岛仙翁，北方北极玄灵，中央黄极黄角大仙，这个是五方五老。还有五斗星君，上八洞三清、四帝、太乙天仙等众，中八洞玉皇、九垒、海岳神仙，下八洞幽冥教主、注世地仙。各宫各殿大小尊神，俱一齐赴蟠桃嘉会。"大圣听说西王母没有邀请他，就念声咒语"住！住！住！"用定身法把七仙女固定在桃树之下，自己奔瑶池而去。他路遇奔赴蟠桃会的赤脚大仙，又化身赤脚大仙的模样，腾云先赴瑶池。只见那里：

琼香缭绕，瑞霭缤纷，瑶台铺彩结，宝阁散氤氲。凤翥鸾腾形缥缈，金花玉萼影浮沉。上排着九凤丹霞扆，八宝紫霓墩。五彩描金桌，千花碧玉盆。桌上有龙肝和凤髓，熊掌与猩唇。珍馐百味般般美，异果嘉肴色色新。

081

徐州出土的汉画像石：昆仑仙山上端坐的西王母（2011年摄于徐州汉画像石艺术馆）

上述描绘堪称自《穆天子传》以来最出彩的一幅瑶池美景图。当年周穆王到瑶池会西王母，饮酒赋诗，风光优雅。西王母作为昆仑神仙界的主人，在诗句中祝愿穆王"将子无死，尚能复来"，把长生的希望留给了远道而来的周穆王。这希望虽然不如她赐给后羿的不死药那样确凿和实在，毕竟还是光明正大的。而《西游记》里不请自来的妖仙孙悟空，是继周穆王之后来到瑶池领略永生之梦的又一个文学主人公。由于野性未尽，不懂礼节，他根本不用手执玉璧玉圭的晋见礼，而是反客为主独自大饮仙酒，又偷吃仙丹。在其他贵客还没有到场之时，他毫不客气地将永生留给自己。

  这大圣点看不尽，忽闻得一阵酒香扑鼻；忽转头，见右壁厢长廊之下，有几个造酒的仙官，盘糟的力士，领几个运水的道人，烧火的童子，在那里洗缸刷瓮，已造成了玉液琼浆，香醪佳酿。大圣止不住口角流涎，就要去吃……

叁 "西游"的文化范式及其转换

过魔女国（元本《西游记》图，蔡铁鹰提供）

　　从文学分析的角度看，孙悟空窃瑶台仙酒、天宫丹药的情节，其实是两个与西王母相关的著名神话情节的变相组合。这两个神话情节就是：周穆王瑶台饮酒和嫦娥偷吃不死药。换言之，孙悟空饮不死之仙酒，吃道祖之仙丹，是私下行窃的结果。这就把月仙嫦娥窃药的母题转移置换到妖仙野猴这里了。这也可以说是对玉乡朝圣主人公形象的一种妖邪化再造。这正是小说《西游记》吸收佛教世界观后，对上古神话、仙话题材的处理惯例。

　　《西游记》的叙事展开空间基本按照"西游"的传统路线：从长安城向西进发，沿着河西走廊出敦煌玉门，进入属于汉文化领域之外的西域地区。那也是唐朝大高僧玄奘西行印度取经的路线，经过了古丝绸之路的整个东段。同《穆天子传》相似,在《西游记》故事框架中,西天朝圣的主旨依然存在,但是其朝拜的目的地却已经超出了本土想象的西域昆仑,转移到了世界屋脊喜马拉雅山南侧的古印度文明。这体现了唐代以后外来的宗教文化逐渐深入人心,在佛教寺院林立,讲经说法成为风气的境况下,国人心目中"圣"的对象发生了置换:从本土的昆仑西王母神话置换成为佛教神话,体现在"取西天经"这四个字的说法中。

"西部"想象的谱系:绝、远、荒、怪

前面说明了《西游记》借鉴佛教世界观改造传统神话的重要机制,即把原来神圣的东西加以妖魅、贬低,给予怪异化、妖魔化的处理。这不仅表现在孙悟空的形象上,也突出表现在西部空间的一大批妖怪群像上。

可以说,从《山海经》《穆天子传》到《西游记》,改造完成了的新

石磐陀盗马(元本《西游记》图,蔡铁鹰提供)

叁 "西游"的文化范式及其转换

唐代胡人牵马俑（2007年摄于甘肃省博物馆）

的中原王朝的西部想象图谱，其特色可以归纳为四个关键词：绝、远、荒、怪。兹分说如下：

第一是"绝"。这是对西部地理和风貌的特色想象。

从神话中的昆仑山到《西游记》中西牛贺洲黄风岭、白虎岭、翠云山、火焰山，仙山、神山虽然被置换成为妖魔精怪之山，但无不呈现非同凡俗的奇绝特色。

如踏上西天取经路的一个重要角色白龙马。唐僧"手无缚鸡之力"，他要步行走到西天，就算无灾无难也没有妖怪，还是几乎没有可能性。唐僧路经五行山，揭起如来的压帖救出悟空，为他取名孙行者。师徒同行，夜宿农舍，一道白光中，唐僧的白马消失，悟空寻到鹰愁涧，与小白龙恶战，不曾取胜。之后，悟空请动了观音菩萨，收服了白龙。观音说道："你想那东土来的凡马，怎历得这万水千山？怎到得那灵山佛地？

085

至圣仙马图（穆斯林绘画，2007年9月摄于银川回族博物馆）

须是得这个龙马，方才去得。"由此也可见，这白龙马其实是使西天之旅得以成行的神秘前提。从东土凡俗的白马到西域的神秘白龙马，在佛教幻化奇想的背后，还有传统想象的西域神马原型在发挥作用。如"汗血马"传说，特指古代西域出产的骏马。据说其流汗如血，所以得此名称。《史记·大宛列传》："得乌孙马好，名曰天马。及得大宛汗血马，益壮，更名乌孙马曰'西极'，名大宛马曰'天马'云。"《汉书·武帝纪》："四年春，贰师将军广利斩大宛王首，获汗血马来。"颜师古注引应劭曰："大宛旧有天马种，蹋石汗血，汗从前肩髆出，如血，号一日千里。"杜甫《洗兵马》诗："京师皆骑汗血马，回纥喂肉蒲萄宫。"苏轼《次韵孔文仲推官见赠》："君如汗血马，作驹已权奇。"奇绝的西域空间想象孕育出同样奇绝的生物，"西极"这样的马名充分说明了这一点。能够救唐僧性命的白龙马，显然承袭着"西极"神马的幻想能力。

第二是"远"。这是对空间和时间的想象。

叁 "西游"的文化范式及其转换

唐代诗人屈同仙《燕歌行》写道："河塞东西万余里，地与京华不相似。"没有到过西域的中原人当然可以随意想象其遥远的程度，"万里"不过是修辞吧。我们到河西走廊时沿着连霍高速公路行进，在嘉峪关一带，里程牌上已经显示有五千多公里，也就相当于古人说的"万里"。

神话传说后羿到昆仑求见西王母，需要经过凡人无法完成的远程跋涉，即《山海经》所谓"非仁羿莫能上岗之岩"。古人将西王母的住处想象为西天日落之处，并且还有不断西移的过程。关于"西天""西极"的说法，表明已经将西部之辽远空间推至了"天边"。若用距离的极远来夸张其难以到达的程度，我们看《穆天子传》《海内十洲记》等书就会有所领教。比如说：

东同国捉狮子精（元本《西游记》图，蔡铁鹰提供）

西周早期的涉鬲（上海博物馆）

> 昆仑号曰昆崚，在西海之戌地，北海之亥地，去岸十三万里。

《西游记》的绝大部分篇幅用来讲述西行路上的"九九八十一难"，更加凸显了西天之旅的遥远和艰难。尤其是后边一部分所写的地方，如狮王、象王、大鹏盘踞的西牛贺洲狮驼国狮驼岭狮驼洞，白鹿怪所在的比丘国柳林坡清华洞，地涌夫人居住的陷空山无底洞，南山大王所在的西牛贺洲灭法国隐雾山折岳连环洞，黄狮精所住的天竺国下郡玉华县豹头山虎口洞，九灵元圣占据的天竺国下郡玉华县万灵竹节山九曲盘桓洞，玉兔精藏身的天竺国毛颖山绝顶上窟，等等，其遥远的程度大大超越了上古的昆仑一带。这自然会给读者带来前所未有的惊诧效果。

除了空间的"远"，还有时间的"久远"。比如"容成氏"等远古帝王传说。

第三是"荒"。这是对四方遥远空间想象的自然联想。

上古行政区划的"五服制"把最远的外围设想为"荒服"。这恰好对应着《山海经》五方空间模式的"大荒"。汉扬雄《法言·孝至》："龙堆以

叁 "西游"的文化范式及其转换

汉画像石西王母戴胜坐像（2017年摄于陕西绥德汉画像石展览馆）

西，大漠以北，鸟夷兽夷，郡劳王师，汉家不为也。"王念孙曰："言数劳王师于荒服之外，汉家不为也。"

"荒"是中原王朝的王化不到之地，所以那里必然埋伏着对于外来者的巨大威胁。以唐僧西行所遇到的第一个妖怪为例：他名叫寅将军，是老虎精，住在大唐帝国与鞑靼交界处的河州卫双叉岭。老虎精活捉唐僧及二从人，杀二从人宴请朋友众妖魔。这显然是不折不扣食人魔王的行为，发生在大唐国境以外的"荒服"之地，理所当然。

第四是"怪"。俗话说少见多怪。遥远的地方人迹罕至，凭想象推测的结果首先是"荒"。荒则怪，荒则蛮。于是有"荒怪"一词，也有"蛮荒"一说。中原文明自认为处在四周的"野蛮"民族——蛮夷戎狄的包围之中。中原人对这些远方民族的认识和描述充满着奇异的想象。《山海经·西山经》："又西三百二十里曰嶓冢之山，汉水出焉，而东南流注于沔；嚣水出焉，北流注于汤水。其上多桃枝钩端，兽多犀兕熊罴。"古人认为兕是雌犀牛，罴是黄色的熊，所以"犀兕熊罴"实际上说的是两种陆地猛兽。犀牛角是中药里的名贵药材，据传有起死回生之

齐家文化多孔玉刀（2009年摄于青海省博物馆）　　良渚文化玉鸟（2009年摄于良渚博物院）

奇效；熊罴是冬眠春出的季候性大动物，成为古人心目中死而复活的神力之象征。《西游记》中出现的牛魔王和熊罴精，无非是此类远方生物想象进入完全妖魔化方向的结果。追溯其根源，怪异化的西部形象建构滥觞于《山海经》，中间经过《大唐西域记》和《异域志》等，到《西游记》完成集大成的贡献。其间共塑造出妖魔鬼怪三十余种，且大都分布在西游路线方向上。

下面是元代周致中《异域志》里的几个怪异化例子，表明给《西游记》提供灵感的西部古国形象在明代以前就早有了先例。

> 悄国——系西番，人甚狠，专食五谷过活，出牛、羊、马。与野人何异，勇战之士也，少通邻国。
>
> 三蛮国——其人不种田，只食土，死者埋之，心肺肝皆不朽，百年复化为人。
>
> 奇肱国——其国西去玉门关一万里，其人一臂，性至巧，能作飞车，乘风远行。汤王时，西风久作，车至豫州，汤使人藏其车，不以示民。后十年东风大作，乃令仍乘其车以还。[①]

无论是能够乘飞车而行的奇肱国人，还是以土为食物且能复活的三蛮

---

① 耶律楚才、周致中：《西游录　异域志》，中华书局1981年版，第48页。

叁 "西游"的文化范式及其转换

牛河梁出土的勾云玉佩
（辽宁省博物馆）

国人，虽然奇特万分，但还只是怪异，并不显得邪恶。下面关于撒母耳干人的想象，甚至还富有乌托邦化的理想色彩。

> 撒母耳干——在西番回鹘之西，其国极富丽，城郭房屋皆与中国同。其风景佳美，有似江南；繁富似中国，商人至其国者多不思归。皆以金银为钱，出宝石、珍玉、良马、狮子。①

出珍玉宝石，本是上古时期对西域想象的原有内容，不过，"风景似江南"和"极富丽"的说法充满诗意。至于在撒母耳干东面被称作"西番"的人群，就不是那么理想了，其中集合了上古中原人对西戎、鬼方的妖魔化想象。

> 西番——……又曰鬼阴类，曰鬼戎，曰犬戎。无王子管辖，无城池房舍，多在山林内住，食人肉。其国人奉佛者，皆称剌麻。②

用"无城池房舍"描述游牧民族，还不算太离谱，说他们吃人肉就成

---

① 耶律楚才、周致中：《西游录 异域志》，中华书局1981年版，第33页。
② 耶律楚才、周致中：《西游录 异域志》，中华书局1981年版，第20页。

曾侯乙墓漆棺神像

为《山海经》以来的吃人妖怪神话之翻版了。《西游记》里有那么多的妖魔都想品尝唐僧肉，使人觉得好像整个西域都充满着食人族。就连早先住在西牛贺洲流沙河中的沙悟净（原为侍奉玉帝銮舆的卷帘大将，因在天庭蟠桃大会上失手打破玻璃盏，被玉帝判斩，后经赤脚大仙说情，贬到下界为妖），也是以食人为生的。若不是观音菩萨劝化他皈依佛门，被唐僧收为三徒弟，世间还要多一个吃人的怪物。

沙和尚当初冒犯玉帝而被贬的命运，体现的是从圣化到妖化的转折。我们已经说了这是《西游记》改造古神话的常见手法。再看一个例子：孙悟空在火焰山大战铁扇公主——罗刹女，后者原本是与猿猴王结婚后生下藏族祖先的女仙，到汉文小说里变作女妖怪，她的魔法工具——芭

流沙河降沙和尚（元本《西游记》图，蔡铁鹰提供）

金葫芦寺过火焰山（元本《西游记》图，蔡铁鹰提供）

蕉扇就来自原本神圣的昆仑神话。当孙悟空被铁扇公主的芭蕉扇扇到小须弥山，无奈而求助于灵吉菩萨时，菩萨说："那芭蕉扇原本在昆仑山后，自天地开辟以来混沌产成的一个灵宝，乃太阴之精叶。"开天辟地以来的昆仑灵宝竟然到了妖魔手中，成为助纣为虐的特种武器，发挥出一种战无不胜的奇效。

其他由神圣变质为妖魔的情况还很多，如太上老君的青牛变作独角兕大王，金鼻白毛的老鼠变作陷空山无底洞的地涌夫人，犀牛精变作青龙山玄英洞的辟寒大王，弥勒佛身边司磬的黄眉童子下凡变成西牛贺洲小西天小雷音寺的黄眉大王，观音菩萨坐骑下凡化作朱紫国麒麟山獬豸洞里的赛太岁，五台山文殊菩萨坐骑、峨眉山普贤菩萨坐骑、如来之舅父分别化作狮王、象王、大鹏，等等，多不胜举。

以上这些"绝、远、荒、怪"的想象发挥，借助于通俗小说的巨大传播影响力，配合边塞诗的苍凉烽烟和血腥气息，大体铸就了汉民族的西部观念。加上以讹传讹和积重难返的作用，此类"有色镜"至今仍然在相当程度上束缚着人们，制约着我们了解真实的西部。

敦煌莫高窟

肆 "河西""陇右"考
——中原建构西部观念的语词解析

只有充分意识到传统西部观念中由想象所建构的文化范式及其分量，重新理解西部文化对于华夏传统之重要性，才可能找到新的起点。

符号、方位与支配性观念

20世纪的人类学有一个重要命题：人是符号动物。人类区别于其他生物的最大特征在于符号行为方式，包括观念和思想，以及表达、交流、积累、传承的全套文化机制。人类独有的观念、思想之表达、交流主要通过两大符号意指系统——语言符号和非语言符号。符号不光是由人类所发明的交际工具，也是铸塑人的观念、思想和行为之模具。人类有些文化群体不吃猪肉或者牛肉，有42个文化群体习惯吃老鼠肉，这些饮食差别并非因为人类群体之间存在根本性的肠胃生理差异，而完全是由于观念作用支配的结果。换言之，不同的符号意指系统所决定的不同观念体系，是导致人

河西走廊——西部神话与华夏源流

华山脚下的西岳庙大门对联：庙镇三秦金城礼固，河延九畹后土无疆（2018年8月第十四次玉帛之路文化考察摄）

类彼此之间行为差异的基础。因此，要理解一种特定的文化，必须诉诸该文化的符号系统和观念体系。结构人类学家甚至把这种对于文化中个体成员来说是无意识的符号支配体系，看作有待于挖掘和发现的文化深层结构。正像每一个没有生理缺陷的个人都会讲自己的母语，却没有人会自发地意识到，该语言的语法作为深层结构实际支配着每个人讲话的方式。只有通过探索发掘，才能发现这种对表象起到支配作用的深层结构。

在每一种文化的符号观念系统中，关于中央与四方相对的符号区分以及建立在此基础上的空间方位观念，都会成为对思维和想象发挥支配作用的基础观念。用哲学的话语来说，人是生活在时空观念之中的，时空观乃是世界观的基础。

肆 "河西""陇右"考

江苏武进寺墩出土的外方内圆玉琮
（南京博物院）

标志"天下之中"的河南登封周公测景台

华夏文明自古以黄河流域为其摇篮。黄河在古代汉语中简称"河"，在华夏文明共同体的空间想象中发挥着重要的坐标功能。不论是古代常用的"河东""河西""河内""河外"这些概念，还是今天的省份名称"河南""河北"，都是以黄河为基准坐标的空间方位符号。放眼中华版图，在这条母亲河的中游一带，也就是今天的陕西、山西、河南三省交会地区，简称关中东部、晋南和豫西地区，是文献所记夏商周文明最活跃的帝都区，古今学者所理解的中原、中岳地区与此大体相当。在五岳体系中的四岳没有很多的争议，而对中岳的认识却存在古老的分歧，一般认为是豫西的嵩山，也有另一种看法认为是关中东部的华山。有人认为中国又称"华夏"，中国人称"华人"，均得名于华岳、华山。华山北麓华县（今华州区）太平庄出土的硕大而威严的陶鸮鼎距今已六千多年，其精美礼器性质表明，自新石器

097

中岳嵩山下的嵩阳书院（2017年11月摄）

嵩山千年古树

陕西华阴市西岳庙（2018年8月第十四次玉帛之路文化考察摄）

仰韶文化半坡遗址

时代这里已经是发达的文化核心区。考古发现的仰韶文化的完整大型村落遗址，如西安的半坡村、临潼的姜寨，距离华山都不过一百公里。

河西、河右、河陇——以黄河为坐标的命名规则

追溯黄河之源流，有"河出昆仑"的古老说法。这就把神秘的西部大山昆仑和母亲河黄河源的认定坐标结合为一体了。

先看"河西"。这个词在古汉语中的语义有两种。一是早期的说法，指黄河秦晋段之西。《左传·文公十三年》："秦伯师于河西。"这一意义上的"河西"是中原地区内的黄河以西，反映着先秦时期较为局限的华夏地理观，古籍中后来用例较少。二是稍晚的说法，指黄河甘肃、青海段以西，即河西走廊与湟水流域。这一意义上的"河西"随着西汉经营西域地区而流行开来，至今沿用。《汉书·霍去病传》："浑邪王以众降数万，开河西酒泉之地。"后一种意义往往伴随着种族文化方面的联想——河西等于说西戎，或者氐羌、戎狄之地。中原情结浓厚的韩愈就在《论捕贼行赏表》中说："两河之地，太半未收；陇右、河西，皆没戎狄。"

"河西"还有别称叫"河右"，泛指黄河上游以西之地，略相当于今宁夏、甘肃、青海一带。《三国志·魏志·阎温传》："河右扰乱，隔绝不通，燉煌太守马艾卒官，府又无丞。"这里的"河右"将河西走廊西端的敦煌包括在内。类似的词语还有"河陇"，指河西与陇右，大致相当于今甘肃省的西部。《后汉书·隗嚣传》："数年之间，冀圣汉复存，当挈河陇奉旧都以归本朝。"《宋书·夷蛮传论》："晋氏南移，河陇夐隔，戎夷梗路，外域天断。"宋曾巩《唐安乡开元寺卧禅师净土堂碑铭》："自河陇没于羌夷，州县城郭、官寺民庐，莫不毁废。"这些出自中原人之口的措辞，表明从汉代到宋代，始终活跃在河西地方的人口多有非汉族

肆 "河西""陇右"考

"河内"——黄河拐弯处的晋南地形图

的族群,即"戎"或"羌夷"之类。

既然表示方位的用词"河西""河陇"总是和表示非汉民族的蔑称"羌夷"或"戎夷"联系在一起,这就说明汉语中西部词汇的使用,习惯上沿袭着中原中心的文化地理想象模式。

不过与"河西"相对的"河东",却因袭着秦文化的地理观念,范围较局限,专指陕西与山西交界的黄河以东地区。《左传·僖公十五年》:"于是秦始征晋河东,置官司焉。"《孟子·梁惠王上》:"河内凶,则移其民于河东,移其粟于河内。河东凶亦然。"赵岐注:"魏旧在河东,后为强国兼得河内也。"这里的"河内"一词上古也有两种用法。一是指黄河以北的地区。《周礼·夏官·职方氏》:"河内曰冀州。"二是专指河南省黄河以

"河西"一景——宁夏六盘山

北的地区。《左传·定公十三年》:"锐师伐河内,传必数日而后及绛。"宋梅尧臣《卫州通判赵中舍》诗:"我久在河内,颇知卫风俗。"与此相对的词语是"河外",从位于山西的晋国人立场出发,称河西与河南为河外。《左传·僖公十五年》:"〔晋〕赂秦伯以河外列城五。"杨伯峻注:"河外,指河西与河南,黄河自龙门至华阴,自北而南,晋都于绛,故以河西与河南为外,包慎言《河外考》以河西为外,杜注以河外为河南,皆仅得其一偏。"秦人指河东,梁人指河西。《资治通鉴·周赧王四年》:"梁效河外。"胡三省注:"河外,秦盖以河东为河外,梁则以河西为河外。"

冀州与河岳:"中国为冀"

梳理了"河西"与"河外"的关系,再看《周礼》所称"河内曰冀州"。在上古的九州划分之中,冀州是居中的一州。春秋时期的古国名

襄汾陶寺出土的玉瑗之放大模型（实为六联璜玉璧）

襄汾陶寺遗址出土的史前宫殿（2007年11月摄）

"冀",后来被晋国所并,为却氏食邑,故地在今山西省河津市,河津地处黄河东岸。《左传·僖公二年》:"冀之既病。"杜预注:"冀,国名。平阳皮氏县东北有冀亭。"《国语·晋语五》:"臼季使舍于冀野。"韦昭注:"冀,晋邑。"《左传·僖公十年》《国语·晋语八》等记载春秋时晋国有人名冀芮、冀缺等,可知"冀"从地名到姓氏的推衍,在先秦时期大体不离晋南即"河内"一带。这和今天用"冀"作为河北省的简称显然是不同的。自西汉设置的行政区划名有"冀州",汉武帝时为十三刺史部之一。其范围大大超出了先秦的冀,辖境大致为河北省中南部、山东省西端和河南省北部。后来辖境渐小,治所亦迁移不一,但基本延续到了清代。这才是河北简称"冀"的历史渊源。

山西襄汾尧庙

肆 "河西""陇右"考

《楚辞·九歌·云中君》:"览冀州兮有余,横四海兮焉穷?"以冀州和四海相对而言,类似于说中央与四方。古史学者们多认为晋南地区是三代之前最主要的王朝都城所在地。由象征人体中央部位即肚脐的"冀"这个古字,多少能够看出史前期"中国"的大致位置。冀为中,则与四方相对,乃可称"冀方"。这个上古合成词的意思就是泛指中原地区。《尚书·五子之歌》:"有此冀方。"蔡沈集传:"尧授舜,舜授禹,皆都冀州。言冀方者,举中以包外也。"这就把唐尧、虞舜和夏禹的都城全部指认到了这一地区。《孔子家语·正论解》:"《夏书》曰:'维彼陶唐,率彼天常,在此冀方。'"王肃注:"中国为冀。"按照这些说法,当初的中国范围以传说中的史前王朝都城为轴心。

襄汾陶寺遗址出土的陶灶模型(摄于襄汾尧庙)

唐代胡人俑（甘肃省博物馆）

《尔雅·释地》："两河间曰冀州。"郭璞注："自东河至西河。"《尚书·禹贡》："冀州，既载壶口。"蔡沈集传："冀州，帝都之地，三面距河：兖，河之西；雍，河之东；豫，河之北。《周礼·职方》：'河内曰冀州。'是也。"宋罗泌《路史·后纪二·女皇氏》中女娲神话把冀州的由来追溯到大女神恢复宇宙秩序的初始年代："然后四极正，冀州宁。"罗苹注："中国总谓之冀州。"中国、河内、冀州作为一组地理方位词，就这样同河西、河右、河陇等词组形成对应。将蜿蜒千里的黄河想象为一条巨龙，那么甘肃陇山以西的上游地区就是龙头，简称"陇"；秦、晋、豫交界的黄河弯角区域是龙身的中央肚脐部位，简称"冀"；而从这里到山东的入海口一带，则可看作龙尾部分。按照中原王朝的命名规则，只有"冀"才属于"中国"，而黄河龙的龙头龙尾地区都属于由西戎西羌和东夷所盘踞的异国他乡。

与"河西"意思较为接近的地名还有"河湟"，有时也写作"河隍"。那是将黄河与湟水并称的组合命名，通常指河湟两水之间的地区。

肆 "河西""陇右"考

《后汉书·西羌传·羌无弋爰剑》:"乃度河湟,筑令居塞。"由于该地区自古就是羌或者戎的活动区域,所以对于汉族的中原想象具有特殊的文化他者意义指向。司空图诗《河湟有感》云:"一自萧关起战尘,河湟隔断异乡春。"这是把河湟一带看成中国与异国相阻隔的屏障。《新唐书·吐蕃传下》:"湟水出蒙谷,抵龙泉与河合……故世举谓西戎地曰河湟。"这样一来,同一条母亲河,在不同的语境组合中竟然可以代表截然相反的语义:说"河湟"就是特指"中国"以外的异族他乡,而说"河岳"则等于说中国。

"河岳(嶽)",是黄河和五岳的并称。语本《诗经·周颂·时迈》:"怀柔百神,及河乔岳。"毛传:"乔,高也。高岳,岱也。"孔颖达疏:"言高岳岱宗者,以巡守之礼必始于东方,故以岱宗言之,其实理兼四岳。""河岳"一词后来也泛指中国的山川。如文天祥《正气歌》

明长城贺兰山段

云:"天地有正气,杂然赋流形。下则为河岳,上则为日星。"

以"河"为词根指代中原的词语还有"河济",也写作"河泲",是黄河与济水的并称。其再与长江、淮河合称为"四渎"。《周礼·夏官·职方氏》:"河东曰兖州……其川河泲。"《史记·孙子吴起列传》:"夏桀之居,左河济,右泰华。"是说夏王朝末代皇帝夏桀的都城位于中原,东面为黄河济水,西面为华山。王闿运《珍珠泉铭》序:"昔在周公,论列河泲,以成四渎。"按照《汉书·地理志》的看法,"泲"或"济",包括黄河南北两部分。《尚书·禹贡》:"导沇水,东流为济,入于河。"孔传:"发源为沇,流去为济,在温西北平地。"以上资料表明,古人以黄河为坐标的中原命名,基本上围绕着黄河在陕西、山西、河南三地交界地带的直角形拐弯处,那里正是活跃着自仰韶文化以来,直到唐尧、虞舜和夏代君王的建都区域。地理之"中"观念的形成和史前历代帝都的位置有密切关系。

河南登封告成镇王城岗遗址博物馆的"阳城"匾　　河南登封告成镇观星台的大禹像

肆　"河西""陇右"考

甘肃张掖祁连山一景（2006年12月摄）

　　以母亲河黄河为词根的语词既可以用于近指的中原、中国，也可以用于远指的西部代名词。例如"河源"，亦作"河原"，古代特指黄河的源头。《山海经·北山经》："敦薨之水出焉，而西流注于泑泽。出于昆仑之东北隅，实惟河原。"《汉书·西域传上·于阗国》："于阗之西，水皆西流，注西海；其东，水东流，注盐泽，河原出焉。"这两种说法表明，中原王朝早自上古时代就把黄河源头的追溯落实到了昆仑山。显然这是在地理知识不发达状态下的一种误解。类似的想象地理还有"西海"等。当时认为出于昆仑的水流注入地下暗河，流到瓜州一带又复出地面。清人吴伟业《杂感》诗之三说"日表土中通极北，河源天上接安西"就表现了这种神秘化的河源想象观念。早期的河源说虽然不准确，但是也说明上古中原早已经有了关于河西走廊以西地区——昆仑北麓和田地区

塞外景观（2006年12月摄于张掖马蹄寺）

靠近河套地区新发现的神木石峁古城，以建城时在石缝间隙穿插玉器而著称（2013年4月摄于石峁考古工地）

肆 "河西""陇右"考

（于阗）的明确认识。这样的西部远方知识或许就是自齐家文化以来到新疆获取和田玉并输送中原的长期经验积累的结果。

唐人杨炯《唐昭武校尉曹君神道碑》云："一举而清海外，再战而涤河源。"这已经将河源同遥远的海外对应起来。类似的措辞还有"河塞"，是对黄河上游同北方边境地带相互认同的说法。《史记·卫将军骠骑列传》："爰及河塞，庶几无患。"张守节正义："言匈奴右地浑邪王降，而塞外并河诸郡之民无忧患也。"

上述分析让我们明白：古人寻找黄河源头的旅程路线，恰好是周穆王西游寻找和田玉的旅程路线——从中原先北出"河塞"到达河套地区，再沿河西行，顺着河西走

石峁遗址采集的大量墨玉玉器（2017年摄于陕西历史博物馆）

石峁玉器中也有来自遥远西域的优质透闪石玉，这件白玉玉璜的玉料便是中原地区所极为缺乏的（2014年摄于良渚博物院"夏代文明特展"）

廊进入昆仑和田一带。古汉语中一系列以黄河为坐标的地理方位词语,莫非是隐藏着某种探求神话的意蕴?

相传黄河之中有水神或者水灵——河灵,那是神话传说时代东亚陆地上最重要的自然神之一,即先民信仰中的黄河水神巨灵。其又由于古人心目中最大最长的河流被推及泛指所有的河川之神灵。扬雄《河东赋》:"河灵矍踢,爪华蹈衰。"庾信《燕射歌辞·羽调曲四》:"河灵于是让珪,山精所以奉璧。"倪璠注:"言山川之精灵出此珪璧宝物也。"如果还记得周穆王到黄河边的主要礼仪就是向河神奉献玉璧,到昆仑山拜见西王母也同样以玉圭和玉璧为神圣信物,那么我们就多少可以省悟过来,在"河出昆仑"的古老信念和"玉出昆仑"的类似信念背后,存在着吸引远古圣王西游的原因奥秘。在饮水思源的意义上,受到黄河哺育的中原人总是怀抱着穷究河源的梦想;在崇玉信仰及美玉神话的牵引之下,黄河源头之大山昆仑虽然远在"河西""河塞"之外,其中间阻隔着羌夷、西戎、匈奴等诸多异族之人,却依然魅力不减,始终充当着华夏人心目中所向往的伊甸乐园或永生乐园。

龙头、陇头、《陇头吟》——以陇山为坐标的西部命名

在中原中心的汉语命名规则中,除了以"河"为坐标的西部名称,还有以"山"为坐标的西部名称。此山就是位于甘肃、陕西交界的地方大山"陇",今人视为六盘山的南段,古时又称陇坂、陇坻。北魏郦道元《水经注·斤江水》:"陇山、终南山、惇物山在扶风武功县西南也。"张衡《西京赋》:"右有陇坻之隘,隔阂华戎。"把天水的陇山一带看成华夏族与西戎族的种族分界线。《文选·张衡〈四愁诗〉》:"我所思兮在汉阳,欲往从之陇阪长。"李善注:"应劭曰:'天水有大坂,名曰陇

关山即陇山之雪景（2016年1月第九次玉帛之路文化考察时摄于关山翻越之旅）

陇头风光

山西侯马晋国祭祀坑出土的龙形玉璜

山西侯马晋国祭祀坑出土的双龙玉佩（2006年摄于侯马晋国古都博物馆）

阪。'《秦州记》曰：'陇坂九曲，不知高几里。'"《尚书·禹贡》"因桓是来"，孙星衍注引汉郑玄曰："桓是陇阪名，其道盘桓旋曲而上"。《汉书·地理志下》"陇西郡"唐颜师古注："陇坻谓陇阪，即今之陇山也。"除了以上词语，还有一个"陇头"，也是陇山的代称之一，文人也用此词来泛指整个西部边塞。南朝宋陆凯《赠范晔诗》："折花逢驿使，寄与陇头人。"苏轼《行香子》词："别来相忆，知有何人？有湖中月，江边柳，陇头云。"这给陇头的自然风物定下一种边关伤感的基调。明代徐祯卿的《送士选侍御》诗，使此基调再度得到变奏。所谓"胡天飞尽陇头云，惟见居庸暮山紫"。好像只要一涉足陇山一带，就具有了边僻荒远的无尽意味。

《史记·天官书》："故中国山川东北流，其维，首在陇蜀，尾没于勃碣。"张守节正义："渭水、岷江发源

肆 "河西""陇右"考

武威汉墓出土的"马踏飞燕"（摄于甘肃省博物馆）

出陇山，皆东北东入渤海也。"《史记》的"中国山川东北流"说，和共工怒触不周山，"天柱折，地维绝，天倾西北，地陷东南"的神话相呼应。若依照神话宇宙观的类比，把中国的山川地理视为一个整体的生物——巨龙，那么它西部的高原就是首，东部的河流入海处就是尾。司马迁所以有"首在陇蜀，尾没于勃碣"比喻之说。陇山及其西部高原，作为中国之龙的龙头，或许其得名的"陇"字就是神话类比的产物。"陇"字从阜，从龙。阜训土山、大山，还有高处的意思。陇字的造字本义，或取象于中原人想象中的西北高原之比喻——龙头。也就是说，中原是龙的身子，从陕西的关中蔓延到河南和山西，约相当于黄河中游地区；陇山以西是龙头，约相当于黄河上游地区；河南以东是龙尾，相当于山东和沿海地区。整个中国龙呈现为西高东低的腾起状，所以向西的方向说"上"，而向

115

东的方向则说"下"。

自从秦始皇设立陇西郡,"陇"和"西"两个字就结合为一体,并以高频率出现在文献和文学中。《汉书·地理志下》:"陇西郡。秦置。"颜师古注:"此郡在陇之西,故曰陇西。"南朝梁简文帝《陇西行》之二说"陇西四战地,羽檄岁时闻"为这个地名增添了火药味。

中原的皇帝向西巡守,要越过陇山进入甘肃地界。《汉书·武帝纪》:"行幸雍,祠五畤。遂踰陇,登空同,西临祖厉河而还。"颜师古注:"应劭曰:'陇,陇阺坂也。'即今之陇山。""陇"于是可以作为甘肃地方的代称。由于向西的旅程是登高的,所以用"登"或者"上"来表示。韩愈《青青水中蒲》诗之一:"君今上陇去,我在与谁居?"如今我们说的"陇海铁路",指贯通大陆东西的交通大动脉,依然遵循着把中国山川视为一个整体的逻辑。只不过我们早已经将古人想象的陇为龙头,海为龙尾的神话类比遗忘干净了。

把甘陕交界以西地区视为中国龙的龙头,可以得到对甘肃历史地理学解说的旁证:"甘肃省简称甘;又因省境在陇山之西,旧时别称陇西或陇右,简称陇。"[①]上古以东为左,以西为右。所以河西又称河右,陇西又称陇右。刘勰《文心雕龙·檄移》中就有"陇右文士,得檄之体矣"的说法。詹锳注:"陇右,即陇西,今甘肃省陇山以西地区。"明何景明的《陇右行送徐少参》记述了自中原到陇右的大致里程:"陇右地,长安西行一千里。"去陇右的旅程要翻越陇山,古人认为山道盘旋九回,要走七天才能翻越,山顶有四道清水流出(《乐府诗集·汉横吹曲一·陇头》)。郭茂倩题解引《三秦记》:"其坂(指陇山)九回,上者七日乃越,上有清水四注下,所谓陇头水也。"这更加显得奥妙神奇。基于这种神奇,何景明写出了《送贾君博之阶州》一诗名句:"陇坂盘云上,秦城

---

① 谭其骧、王天良、邹逸麟等:《我国省区名称的来源》,载《复旦大学学报》(社会科学版)1980年第51期。

向斗看。"

中国版图西高东低的地势，决定了西行为上、东行为下的语言习惯。"陇上"一名，不仅包括甘肃，甚至也包括陕北、宁夏的黄土高原地区。对于中原来说，那里已是汉关边塞地区。《乐府诗集·汉横吹曲一·陇头》郭茂倩题解引唐杜佑《通典》："天水郡有大阪，名曰陇坻，亦曰陇山，即汉陇关也。"晋傅玄《惟庸蜀》诗："姜维屡寇边，陇上为荒芜。"宋蔡挺《喜迁莺》词："汉马嘶风，边鸿叫月，陇上铁衣寒早。"文人还造出"陇戍"一词，泛指戍守西部边疆。唐李益《观回军三韵》："万里将军没，回旌陇戍秋。"唐陈陶《陇西行》之三："陇戍三看塞草青，楼烦新替护羌兵。"在这一类文学语言渲染之下，陇上不再是什么龙头，不再是华夏文化的源头之一，反倒成为地地道道遥远、蛮荒和血腥征战的边地。

关山古道（2016年7月第十次玉帛之路文化考察时摄于陇县关山草原）

河西走廊——西部神话与华夏源流

天水甘谷相传为伏羲故里（2005年7月摄）　　　甘肃合作九层佛阁（2005年摄）

因为边塞总是争战的前线，中原人去那里自然难免感叹人生的悲壮凄凉，于是陇山、陇水、陇头、陇塞、陇树、陇笛等一大批修辞意味强烈的习语充斥在中原本位的文学史传承之中。唐代李洞的《段秀才溪居送从弟游经陇》诗有这样两句："烟沉陇山色，西望涕交零。"把向西的陇山之旅写得凄凄恻恻。源出陇山的陇水，更加容易引发文人的伤感。郦道元《水经注·渭水一》："渭水又东与新阳崖水合，即陇水也。东北出陇山，其水西流。"李白《秋浦歌》之二云："青溪非陇水，翻作断肠流。"王琦注引《陇头歌》："陇头流水，鸣声幽咽；遥望秦川，肝肠断绝。"这些诗句无异于将陇水认同为流不尽的伤心泪水。宋代苏洞写《雨

肆 "河西""陇右"考

关山古道（2016年7月第十次玉帛之路文化考察再度翻越关山时留影）

中花·怀刘改之》词，也说"陇水寂寥传恨，淮山宛转供愁"。古诗词中若用"陇头水"一词，则是指代陇山顶的神秘水流，同样充满着离愁别恨一类感情色彩。唐人于濆《陇头吟》云："借问陇头水，终年恨何事。"如果把这种模式化的哀愁转移到这一地区的植物上，就又有了泛指边塞树木的"陇树"一词。南朝齐孔稚珪《白马篇》云："陇树枯无色，沙草不常青。"一千年以后的明代皇甫涍写下一首题为《再别兄弟作》的诗，其中有"陇树三年泪，边云万里秋"一句，依旧沿袭着中原想象的西部悲愁老调子。同类的诗词语汇还有指代陇山之巅的"陇首"。李白《古风》之二二："秦水别陇首，幽咽多悲声。"在陇山陇水一带回荡着的悲声不光

119

陇头云与陇头水（2005年7月摄于甘肃康乐莲花山）

肆 "河西""陇右"考

甘肃康乐莲花山花儿会（2005年7月摄）

出自中原戍边的远征人，而且也夹杂着敌对一方所发出的乐声。"陇笛"就是"羌笛何须怨杨柳"的同义词，特指西部边塞的胡人乐声。韩愈《和崔舍人咏月二十韵》："郡楼何处望，陇笛此时听。"汉乐府中居然留下以"陇头"为题的曲名。《乐府诗集·横吹曲辞》郭茂倩题解引《乐府解题》："汉横吹曲，二十八解，李延年造。魏晋以来，唯传十曲：一曰《黄鹄》，二曰《陇头》。"后人多用《陇头吟》来代替《陇头》。如明代的练高所写《送赵将军》诗有句云："敲缺唾壶银烛短，时人不解陇头吟。"

唐代的韩鄂在《岁华纪丽》卷一记述了一个典故：南朝宋陆凯与范晔友善，自江南寄梅花一枝与长安范晔，兼赠诗曰："折花逢驿使，寄与陇头人。江南无所有，聊赠一枝春。"这首诗成为江南人想象西北风貌的典范。后

121

人遂借"陇头音信"作为典故,泛指一切寄往遥远地方或者来自远方的书信。如高明《琵琶记·伯喈行路》就说:"叹路途千里,日日思亲。青梅如豆,难寄陇头音信。"中原人这样使用"陇头音信"之典故,若放在陇头地区乃至河西地区的非汉族语境中,其语义又会发生怎样的变化呢?

命名与遮蔽:"敦煌"别解

中国文化传统有对事物命名的特殊讲究。儒家所说的"名不正则言不顺",包含着何种文化政治意蕴,还有待于深入的反思和研讨。相传大禹治水时有伯益跟随,行使"主名山川"的职责。据传上古文献传统中最神秘难解的一部书《山海经》就是这样产生的。从刘秀写给西汉皇帝的《上

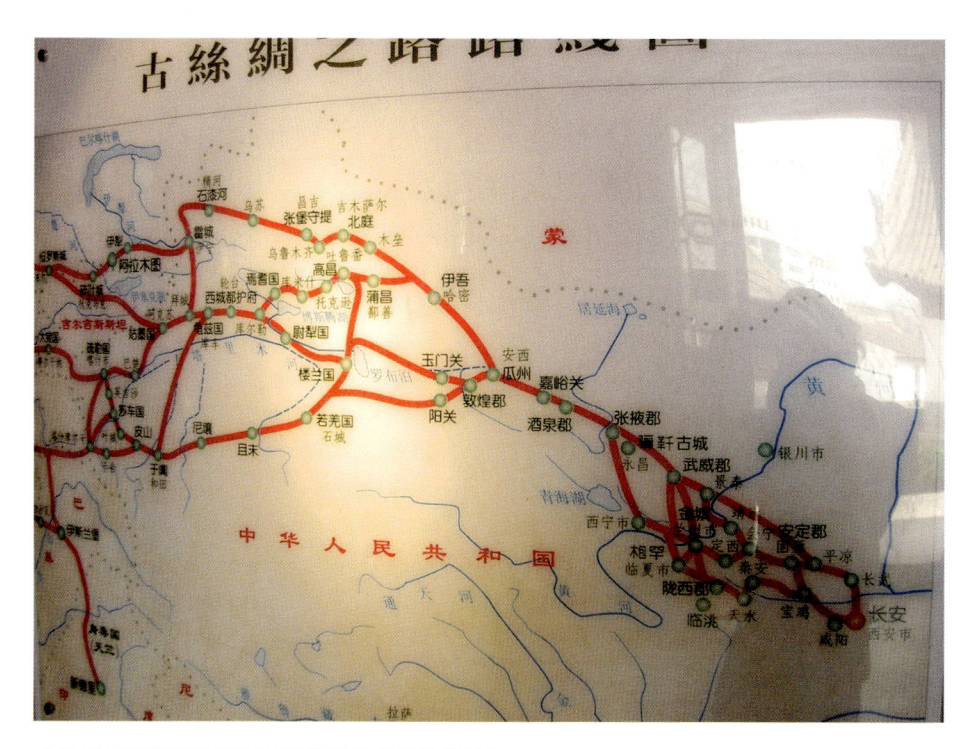

古丝绸之路路线图(2005年7月摄于秦安博物馆)

肆 "河西""陇右"考

山海经表》，我们不难看出这一类专门记录事物名目的书对古人求解未知事物的重要性。颜之推《颜氏家训·勉学》云："夫学者贵能博闻也。郡国山川，官位姓族，衣服饮食，器皿制度，皆欲根寻，得其原本。"由此可见"博闻"和"得其原本"有一定的关联。不过，古人博闻求知也有一种反思的精神，借用《荀子》书中的篇名，就叫"解蔽"，是要在认识事物方面解除遮蔽，打破蒙蔽的意思。原因很简单：语词的命名本身容易形成符号的遮蔽，即能指与所指之间的背离现象。人们往往为名称本身的误读误解所遮蔽，而忘却了命名符号背后的真实情况。

打开中国地图，扫视一下河西走廊周围的地名，其命名法则大致不外乎两种：一是充分体现中原王朝的征服和统治愿望的，如"安西""定西""武威""平凉""永靖"等；二是来自非汉语词汇发音的，如"敦煌""庄浪""古浪"等。

甘肃张掖马蹄寺（2006年12月摄）

河西走廊——西部神话与华夏源流

　　先看位于河西走廊中段的历史名城武威，其字面意义指军事威力。《管子·版法》："武威既明，令不再行。"《史记·秦始皇本纪》："武威旁畅，振动四极，禽灭六王。"杜甫《重经昭陵》诗："翼亮贞文德，丕承戢武威。"中原王朝要想控制河西走廊，若没有巨大的军事威力是根本无法想象的。所以西汉建"河西四郡"时得名的武威，完全符合此种符号逻辑。

　　"酒泉"似乎和瑶池一样，来自某种被夸大的神话信念。而"张掖"一名被中原王朝一方望文生义地解释为沿着河西走廊"张中国之臂掖"，就非常典型地体现出中央帝国的命名逻辑。和定西、绥远、靖边、定边、镇原、宁夏、伏羌、宁羌（即今陕西宁强）等地名一样，分明是一些带有咒语性质的霸权话语。其中所包含的武力征服的意蕴，至今还是一目了然的。

　　"敦煌"一名则另有讲究。作为河西四郡最西边

沙州送别图（嘉峪关长城博物馆）

今日敦煌沙州市场

今日敦煌市区

莫高窟最早洞窟之一——第275窟

莫高窟列入"世界文化和自然遗产"后
建立的标志碑

肆 "河西""陇右"考

敦煌博物馆藏古藏文写经　　唐僧取经图（摄于嘉峪关长城博物馆）

的一个郡，治所在今甘肃省敦煌市。西汉元鼎六年（前111）置郡，北魏改为敦煌镇，后复改郡。唐武德五年（622）改置西沙州，贞观七年（633）又改沙州，天宝元年（742）仍改敦煌郡，乾元元年（758）又改称沙州，大概因为其地处沙漠包围的环境吧。作为县名，也是西汉置。十六国前凉建都于此，北周改名鸣沙县，隋大业初复名，唐末废。到了清乾隆二十五年（1760），重新设置，移至今址。敦煌是古代通往中亚和欧洲的交通要站。城东南五十里的莫高窟（千佛洞）保存有4世纪至14世纪遗留的壁画、雕塑等艺术珍品，号称世界艺术宝库；城南有鸣沙山、月牙泉名胜；城西北有玉门关，西南有阳关遗址。1987年改设敦煌市。

关于"敦煌"一词的含义，《汉书·地理志》注引应劭曰："敦，大也；煌，盛也。"由于以"大""盛"解敦煌，因此唐代索性将"敦煌"二字改写为"燉煌"，让两字皆从火，以示其旺盛昌明。当代学者对此种传统解释提出质疑，认为汉语"敦煌"一词没有意义，是异族语言词汇的音译。一说是"吐火罗"的音转，即中亚古国名，亦用为地名。古代也译

127

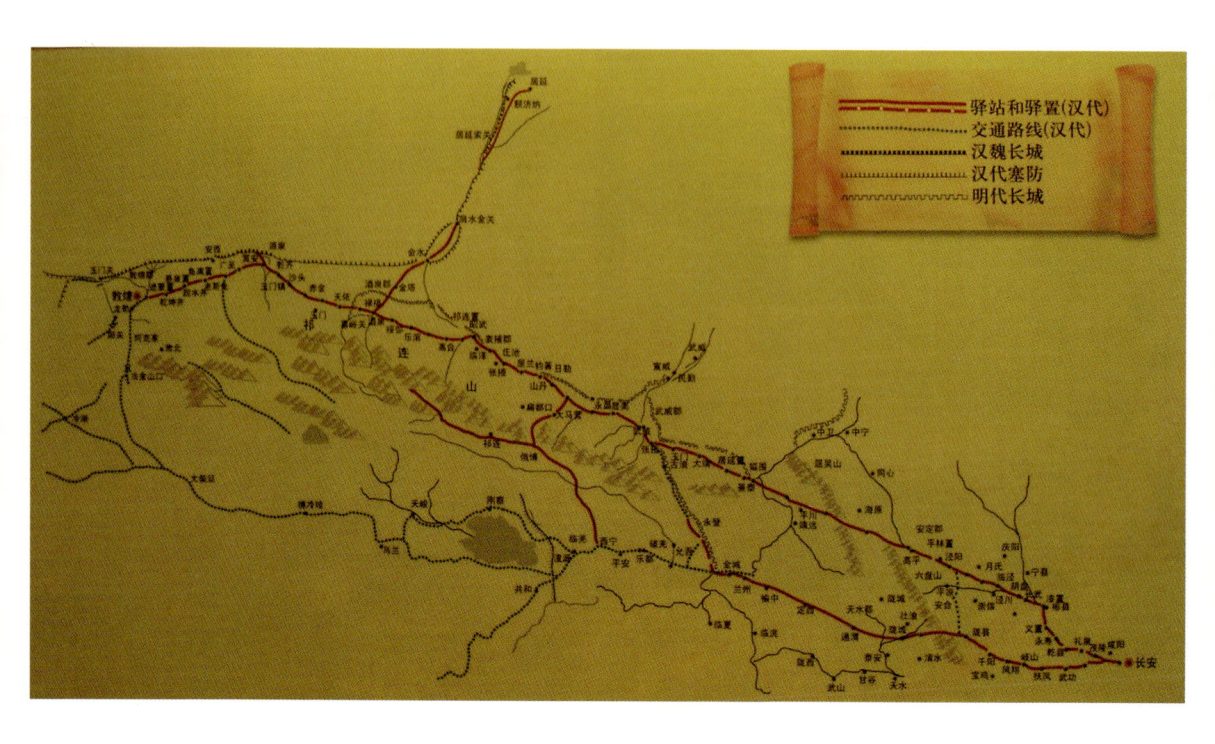

河西走廊古代交通示意图（2007年摄于甘肃省博物馆）

作兜佉勒、吐呼罗、土豁罗等。《隋书·西域传·吐火罗》："吐火罗国，都葱岭西五百里，与挹怛杂居……大业中，遣使朝贡。"《新唐书·西域传下·吐火罗》："吐火罗，或曰土豁罗，曰睹货逻，元魏谓吐呼罗者。居葱岭西，乌浒河之南，古大夏地。"若将"睹货逻"三字急读，就近似于"敦煌"。另一说敦煌为藏语词汇的发音。李文实提出，敦煌不是汉语的命名，而是古羌语名称的音译。他指出：上述四郡的名称，一般都按汉语义解释，实际上武威、酒泉是汉语，而张掖、敦煌是译名。因其地既原属羌、胡等杂处，地名也自当名从主人，这样才能通晓其得名的由来，甚有助于史事的解析。而自汉以来的注家，都望文生义，强自为说，致使两千年来，以讹传讹，失其真相。将敦煌训"大""盛"，这和解释

肆 "河西""陇右"考

反思"历史"的课堂——敦煌博物馆

张掖为"张中国之臂掖，以通西域，断绝匈奴右臂也"同样无稽。李文实还写道："敦煌之为羌语译音，盖与庄浪、张掖、删丹等相同。我曾为此遍询深通藏语文的专家，他们根据我的提示和设想，最终由索南杰同志提出'朵航'的对音来，这在现代的藏语中是'诵经地'或'诵经处'的含义。我认为这是得实的。敦煌的名称，既在汉武帝通西域时早已存在，那么佛法东来河西走廊西端，当在汉武帝以前……"[①]

今日的藏语虽不能直接等同于古羌语，但是二者的渊源关系是不容置

---
① 李文实：《西陲古地与羌藏文化》，青海人民出版社2001年版，第116页。

考察队在东千佛洞遗址合影（左三为锁阳城文物管理站蔡壮站长）

疑的。至少从发音上看，从藏语"朵航"到汉语"敦煌"，要比从"吐火罗"到"敦煌"的可能性更大一些吧。古羌人是中原王朝打通西域的主要对手之一。在他们世代活跃的河西地区最先出现佛教传播的迹象并用"诵经处"来称呼，看来是合乎情理的。敦煌地名本义的消失，要归结为文化认同的转换：当地的名称到了外来的语言中继续沿用，但是本来意思就被遮蔽了，新的望文生义在所难免。正如地名"庄浪"在汉语一方没有意义，而用藏语读之则有意义为"牦牛沟"一样。

伍 沉寂五千年，柳湾闻蛙声
——马家窑蛙纹彩陶解读

这一部分的内容出自对青海柳湾彩陶博物馆一次考察的笔记。在多年之后直接面对国宝级文物"阴阳人"彩陶壶，获得在史前墓葬的实际情景之中重新体悟其象征意蕴的契机，还原到欧亚大陆史前女神宗教的大背景之中，追索自再生母神的蛙/蟾蜍化身到马家窑文化陶器蛙纹符号的演变过程，还原理解马家窑先民的"唯陶为葬"现象，在彩陶符号的图像叙事世界领会"唯陶为葬"风俗的整体寓意——让死者回归大地母体。

柳湾见证"唯陶为葬"

2007年12月31日，笔者借第四次到甘肃考察的机会，和兰州大学的彩陶研究者程金城教授等一起，西出兰州到达青海的民和、乐都，慕名参观了柳湾彩陶博物馆。这里是世界上出土新石器时代彩陶器最多的地方，总数达两万多件。在博物馆中展出的也有五千多件。从"格物致知"的意

131

村落中的柳湾彩陶博物馆

义上说，如果要研究或者了解四五千年前马家窑文化和四千年前的齐家文化，没有到过这里，那是一大遗憾。

没有料到，这样举世闻名的史前文化宝库——柳湾彩陶博物馆居然坐落在一个村落里，开车人如果没有经验是很难找到的。而且博物馆还是由一位日本人捐资修建和命名的——中国青海柳湾小岛彩陶博物馆。这多少让人感到一个文化大国的悲哀。十多年前，我在写《高唐神女与维纳斯——中西文化中的爱与美主题》一书时，讲到这里出土的人形彩陶壶的性别问题。后来写《千面女神——性别神话的象征史》一书，有一节"女蛙与女娲"①，探讨马家窑彩陶上的蛙人形图像。但那两次写作都没有机会到柳湾考察。后在2005年和2006年多次到甘肃，先后看过甘肃省博物馆、兰州市博物馆、临夏市博物馆、临洮县文化馆、临洮马家窑研究会等展出的

---

① 叶舒宪：《千面女神——性别神话的象征史》，上海社会科学院出版社2004年版，第136—159页。

伍 沉寂五千年，柳湾闻蛙声

柳湾M564墓

各种彩陶，对史前彩陶文化遗产的认识比以前有所深化。因此，这一次专访柳湾，实际上具有现场补课的性质。

此番考察的重要收获之一是直观地看到马家窑文化后期的两种类型——半山、马厂和齐家文化的墓葬形式，对彩陶的理解，从孤立的史前艺术品还原到彩陶在当年的功能语境之中，得到实物背景中的整合性认识。两年来，在目睹了北方红山文化和南方良渚文化的"唯玉为葬"情景之后，再度看到了西北史前先民"唯陶为葬"的奇观。特别是M564墓的复原景观：在墓主安睡处旁边，居然有91件陶器堆积如山地陪伴着他！该墓穴的展示说明词也写得很生动具体，兹照录于此：

此墓的发现带有一定的偶然性，当时考古工作者清理完一座齐家文化早期墓葬后，发现下面仍有墓坑痕迹，继续下挖二米多时，

甘肃镇原县常山下层文化2米1巨人墓葬随葬的72件陶罐，距今四千九百年（2016年1月第九次玉帛之路文化考察时摄于镇原县博物馆）

墓室有四分之三露出陶器口部，经清理有三层陶器垒放。共出土随葬品95件，其中陶器91件（彩陶有86件），石斧、石锛、石凿和绿松石饰各一件。这是柳湾遗址出土数量最多的一座。

面对此情此景，一连串疑问浮上心头：墓中的彩陶好像不是为死者来世生活所使用的实用器具，否则没有必要给一个人一次准备那么多数量。而同墓陪葬品中分别只有一件的石斧、石锛、石凿和绿松石饰，似乎是来世的实用器物。相比之下，多达数十件的彩陶意味着什么呢？

史前的陶器莫非是社会财富的象征？如果答案肯定，那么墓主人的地位就非同一般。这位男性墓主是氏族社会的王者——部落酋长吗？

91件又意味什么呢？当时的部落如果由90户人家组成，那么是否每一户都要为死去酋长的来世生活奉献上一个彩陶罐呢？或者他的家族就是当时社会中主管制陶生产的，利用职业之便，近水楼台先得月一般地聚集了

伍　沉寂五千年，柳湾闻蛙声

显示神圣的蛙人彩陶壶（2005年摄于临洮马家窑文化研究会彩陶博物馆）

秦安县郭嘉乡寺咀村出土的马家窑文化人面形彩陶壶（2005年摄于秦安县博物馆）

部落中最多数量和最精美质地的彩陶？

结合南京博物院玉器展中的良渚文化"唯玉为葬"之景观，将长江下游和黄河上游的两种史前墓葬方式对照起来看，感触和体会将更加丰富。在1982年发掘出土的江苏武进寺墩3号墓（公元前2500年）中，我们看到120多件陪葬品中只有个别的陶器，而玉器则占了大多数，仅磨制的玉璧和玉琮就有50多件，规则有序地排列在年仅20岁的男性墓主人周围。在浙江余杭等地的高规格良渚墓葬中还有随葬100多件玉璧的情况。可见，在四千五百年前的中国，南方江浙地区的社会财富与权力标志就是玉礼器，而西北的黄河上游地区则仍然以彩陶为神圣尊贵之器。等到数百年之后的齐家文化崛起，玉礼器传统才正式登上史前的舞台。倘若将绿松石饰看作玉石器的一种，那么柳湾马厂时期M564墓中与91件陶器同在的一件绿松石，就可以视为西北地区齐家文化的玉崇拜观念与实践到来之前的一点先兆，而其所展现的"唯陶器至上"的崇拜观念与实践，应该是学习了解中华文明起源线索的又一个生动课堂。

在精神分析学的象征谱系中，有一个"女性=躯体=容器"的类比公式①。根据该公式，容器的非实用意义就在于充当生命的孕育或者再生力量的象征。就此而言，我们汉语里常说的"有容乃大"，实际可以还原为"有容乃生"。《庄子》创造出的具有非凡法力的寓言人物"壶子"，不就是人格化容器的隐喻吗？《庄子·在宥》还告诉人们：世上的生命"皆生于土而反于土"，"万物云云，各复其根"，"无问其名，无窥其情，物故自生"。这些话对流行数千年的土葬传统来说，其实提供了信仰观念方面的极好解释。黄土之下的墓葬不是生命的终结，而是回归大地母亲体内迎接新生的准备。借用哲学家布洛赫的话，就是"把徐徐落下的一幕，一变而为慢慢开启的幕布"②。

在这样的信仰语境背景中看91件陶器堆积成的壮观景象，会产生设身处地的感受和推测性的联想，带领我们穿越历史隧道，模拟性地回到四千五百年前的柳湾先民世界。

让少量的或者大量的陶器与死者共在，这究竟代表何种观念和信仰呢？墓穴无言，现在看来较为切实的解答需要具体分析陶器本身留下的符号。对此，专业考古学者提出的见解是："史前时期的彩陶花纹对氏族成员具有更为强烈的群体认同价值。其中，某些特殊的纹样很可能就是某一群体尊崇的神圣象征符号，如仰韶文化半坡类型的人面鱼纹、庙底沟类型的花瓣纹、马家窑文化的蛙纹等。这些不同的纹样在各个考古学文化中显然有着特殊的功能和感召力。"③马家窑彩陶的图像特征明显，以葫芦纹、四大圆圈纹、螺旋纹和蛙纹等几大符号体系为主要特色，不同于中原彩陶的鱼纹和花纹。接下来的问题是：马家窑先民所崇奉的蛙纹神圣符号是如

---

① 参见叶舒宪：《高唐神女与维纳斯——中西文化中的爱与美主题》，中国社会科学出版社1997年版，第89-96页。
② 参见叶舒宪：《庄子的文化解析》，湖北人民出版社1997年版，第387页。
③ 李水城：《半山与马厂彩陶研究》，北京大学出版社1998年版，第209页。

伍 沉寂五千年，柳湾闻蛙声

蛙人还是神人？马家窑文化马厂类型彩陶图案（2006年摄于甘肃省博物馆）

何产生的呢？是彼时彼地特有的符号呢，还是在史前信仰中具有普遍意义的符号？

　　西方考古学家分析归纳的新石器陶器符号，认为最突出的意义主要围绕着一个中心，那就是再生的象征。"自然界自发的一代代生命是新石器时代宗教信仰的主要关注。这样的先入之见催生出古欧洲有关再生的神圣意象的大流行。大多数的这类形象尊崇各种各样的动物：鱼、蛙、狗、山羊、豪猪、公牛头，所有那些在某个方面可以象征子宫的东西。有些意象反映了自然界：种子、葡萄藤、树、男性生殖器、植物的嫩芽、生命柱。经常也有抽象的象征物：螺旋线、弯钩形、三角形和同心圆环。我们可以看到所有这些都是再生的象征，象征着从生命的初期准备到破腹而出。这些象征通常伴随着终极性的再生象征：女神的身体和生育器官。"[1]这些观点虽然主要针对欧洲和西亚的陶器形象，却也有助于我们理解马家窑彩陶的肖生类纹饰——蛙纹和多种几何纹饰的潜在寓意。

---

[1] M.Gimbutas, *The Language of the Goddess*, San Francisco:Haper & Row,1989,p.26.

大地湾的生态景观

蛙人造型的奥秘

追溯彩陶上蛙纹或者蛙人形象的由来，要诉诸甘肃和陕西等地更早的新石器文化，如甘肃秦安的大地湾文化以及陕西临潼姜寨的仰韶文化。但是那些六七千年前的蛙纹图像只是在陶器上偶尔出现，还没有形成模式化表现的造型传统。相对于当时较普遍的鱼纹符号，蛙纹似乎只是辅助性的符号。陕西临潼姜寨遗址出土的一件陶盆内壁绘有一只与双鱼形象对应的黑彩蛙形，风格近似写实，也许还不能叫蛙纹吧。那只蛙有着圆形的身体和半圆形的头部，没有表现出脖子，似乎是个缩头蛙。头上画有两个圆点代表蛙眼，蛙背上充满黑点状纹，好像癞蛤蟆的皮斑。四只蛙爪均伸向上方，好像是要爬出陶盆的边沿。[①]河南陕县庙底沟遗址出土的一个陶盆腹部

---

① 参看叶舒宪：《千面女神——性别神话的象征史》，上海社会科学院出版社2004年版，第147页图363。

伍　沉寂五千年，柳湾闻蛙声

考古发现我国西部五千年前的最大房址（2005年摄于秦安大地湾遗址）

有蛙纹，但形象残缺，看上去像蛙也像龟。

两年前去大地湾考察时，看到仰韶晚期第820号房址出土的一件陶壶（编号为F820:15)上绘有一个蛙（龟）形动物，全黑彩，近似三角形的头部整体涂黑，张着大嘴，圆形的身躯上画满网纹，两只前爪向上方伸出，后肢因陶壶下部残破而无法看到。这件陶壶属于大地湾四期文化，断代为距今五千五百年到五千年之间。大约同时期的临洮和天水师赵村等地也有类似图像的蛙纹陶器，也是以网纹表示身体，且头部涂黑，所不同的是蛙身躯被人为地分为两半，更加具有图案化的趋向。地处甘肃东部的大地湾，恰好是中原彩陶符号与西北彩陶符号的交汇之地。中原彩陶上最多见的肖生类符号是鱼，而西北彩陶最常见的肖生类符号是蛙。大地湾一期文化出现的鱼纹彩陶，时间甚至早过以鱼纹和人面鱼纹符号而著称的西安半坡仰韶文化。这对于研究彩陶渊源来说是非常重要的线索。可惜学界一般受到中原中心观的制约，忽略大地湾一期文化年代上早于仰韶文化的事实，乃至将大地湾文化笼统地归并到仰韶文化之中，称之为"仰

139

马家窑类型蛙盆
（临洮彩陶博物馆）

马家窑类型蛙盆（2006年摄于临洮彩陶博物馆）

蛙纹彩陶壶（2006年摄于甘肃省博物馆）

马家窑文化马厂类型的蛙形神人（2007年摄于青海柳湾彩陶博物馆）

大地湾出土的蛙纹彩陶壶（2006年摄于甘肃省博物馆）

韶文化的甘肃类型"。这样的命名误区，就好比将太极拳看成西方拳击术的东方类型一样。

在大地湾文化和仰韶文化中初露端倪的青蛙/蟾蜍形象，到了马家窑文化中开始发达起来。在临洮的马家窑文化研究会彩陶博物馆中，可以看到一批按照年代发展出来的彩陶蛙纹系列：早期，马家窑文化马家窑类型；中期，半山类型；晚期，马厂类型。如早期马家窑类型的蛙盆，在直径20厘米的陶盆内部用黑彩画出一只巨大的蛙，舞动着四肢，在水波纹的背景中显得格外灵动。这样的表现说明了蛙在先民心目中的神圣性。

到了半山类型和马厂类型，从蛙纹演化出半蛙半人的造型模式，亦称

伍　沉寂五千年，柳湾闻蛙声

以蛙纹彩陶图案为标志图的青海柳湾彩陶博物馆

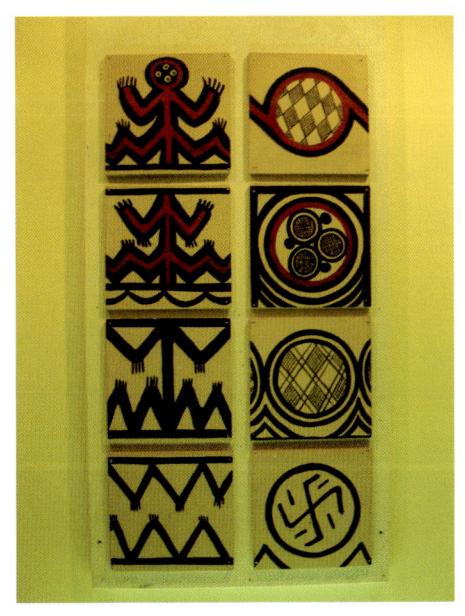

马厂类型蛙纹彩陶图案（2007年摄于青海柳湾彩陶博物馆）

"神人纹"或"人蛙纹"，还有蛙/蟾蜍类的变体形式，如蝌蚪纹、蛙卵纹等。大体而言，甘青地区的神蛙造型传统前后延续了约一千年时间，成为半山和马厂类型彩陶中最富有特色的纹饰。[1]在李水城分析的半山类型彩陶典型花纹模式中，人蛙纹是第八种，其解说如下：

> 半山时期出现的新纹样，也可能与马家窑类型蛙纹有渊源关系，出现率一般，为半山时期富有代表性的典型纹样，也是半山彩陶中唯一的像生类花纹，其构图具人、蛙双重特征，故名。[2]

半山时期的人蛙纹较为抽象，头多为圆形，躯体和四肢用红黑相间

---

[1] 也有学者持反对意见，如张朋川在《半山和马厂彩陶上的神人纹》中认为，半蛙半人形象不是从马家窑蛙纹发展而来的，应称为"神人纹"。见张朋川：《黄土上下：美术考古文萃》，山东画报出版社2006年版，第51页。

[2] 李水城：《半山与马厂彩陶研究》，北京大学出版社1998年版，第57页。

141

一身多肢爪的蛙纹彩陶壶（私人藏品，2006年摄于临夏） 　　单独肢爪纹彩陶（甘肃省博物馆）

马厂类型蛙人纹 　　用壶口代替人头的彩陶壶 　　蛙-龙纹饰的彩陶壶（2006年摄于临洮彩陶博物馆）

的带纹、折带纹表示，大多画在陶器表面的上部和盆钵的内壁。头部以圆圈代表，面部没有具体的五官，身体简化为一直线带状，四肢往往画成两节折线。到半山晚期，人蛙纹出现变异，头部变大，不表现五官，只在头上涂绘纹饰，上下肢都向上折曲，并且粗略画出指爪形态。在马厂类型的彩陶花纹谱系中，人蛙纹的数量和重要性大增，成了最有代表性的花纹之一。其画面较半山时期的又有明显变化，种类也更加多样。构图模式可以粗分为写实与简化两种，亦可分为独立人蛙纹与复合人蛙纹，前者画面由单一的人蛙纹组成，后者以人蛙纹为主，两侧配以圆圈、万字、网纹、回纹等辅助纹样。[1]值得注意的另一个变化是：蛙人造型不求完整，多以变体形式出现。如有的陶器将代表头部的圆圈变大；有的则将圆圈省略不画，

---

[1] 李水城：《半山与马厂彩陶研究》，北京大学出版社1998年版，第142页。

以陶壶的圆口来充当蛙人的头。蛙人的肢体也发生了各种曲折变化：有的在一个身体上画出错综复杂的反常肢爪；有的甚至不表现身体和头，只表现单独的肢爪纹；还有的甚至变化为蛙-龙的奇特造型。

再释"阴阳人"彩陶壶

在柳湾博物馆中获得的另一个启发，是对闻名遐迩的"阴阳人"彩陶壶的新理解。柳湾的这件文物由于造型奇特罕见，从两万多件器物中脱颖而出，作为国宝被征调到北京天安门广场的国家博物馆收藏。这件陶器之所以稀罕，就在于物以稀为贵。在柳湾两万多件陶器中只有一件，其出现的概率不到万分之零点五。而在全国数十万件出土陶器中也仅此一件，多少带有些空前绝后的意味。在柳湾展出的虽然是真品的替身——复制品，但依然享受单独玻璃柜陈列的特等待遇。

我以往对此文物的了解，围绕着"史前阴阳人"这样耸人听闻的命名，难究所以然。杜金鹏等称之为"男女同体瓶"。

看它的尺寸，高约33厘米许，大小适中，并不为奇。可是考古学家却视之若珍宝，只因为这件陶壶上雕塑有一个裸体"双性人"。[①]

这次参观柳湾，由于是大冬天的节假日，整个馆里只有我们三个访客，足以静下心来看个究竟——绕着玻璃柜转了几圈，从四个侧面仔细观看了它的完整图像：正面是所谓"阴阳人"塑像，也是唯一用类似浮雕方式先捏塑出人体形象再用彩绘制的；背面为典型的马厂风格蛙人（神人纹）；两侧则绘制出对称的两个网纹圆圈。找来找去，没有看到所谓"阴阳人"或"双性人"的显著特点。这是怎么一回事呢？

---

① 杜金鹏、杨菊华编著：《中国史前遗宝》，上海文艺出版社2000年版，第184页。

"阴阳人"彩陶壶正面 　　　　"阴阳人"彩陶壶反面　　　　"阴阳人"彩陶壶侧面
　　　　　　　　　　　　　　　（蛙人）　　　　　　　　　（网纹圆圈）

　　原来，被视为"阴阳人"的是陶壶正面突出刻画的人体形象。仔细辨别，还是看不出阴阳人或男性性器的特征，能够直接观察到的是对女性性器的夸张表现。很可能这个捏塑出的女性性器被误解成了双性的性器吧。在陶器表层捏塑的浅浮雕人体造型：两臂下弯，做环抱自己下腹部的姿态，实际上为的是让人们的注意力集中到两手之间的画面焦点部位——性器。这样一种通过构图对女性人体生育部位的强烈聚焦表现，在其他文化中也不乏其例。笔者在《高唐神女与维纳斯——中西文化中的爱与美主题》和《千面女神——性别神话的象征史》两书已多次引用过。[1]看来远古女神信仰在欧亚大陆各地存在的普遍性，或许是造成这种类同图像表现模式的深层原因。

　　借用结构主义的分析工具，在陶壶图像的整体设计上可以看出多重对应的二元对立模式：正面的人形和反面的蛙人形构成一组对应（如果从人形双手的指爪看，正面的人体形象依稀隐喻着其也是一个蛙人）；两侧对称的两个网纹圆圈构成第二组对应；正反面的肖生形象与侧面的抽象几何形象构成第三组对应；反面的蛙人形只绘出身体，没有绘头部，而是让壶口的自然圆圈充当蛙人之头，头与身之间再度构成第四组对应。更加奇妙的是正面的人

---

[1] 叶舒宪：《千面女神——性别神话的象征史》，上海社会科学院出版社2004年版，第126页图303。

伍　沉寂五千年，柳湾闻蛙声

环抱姿态的指示焦点——性器

体形还可以分解出一组（第五组）二元对立，即双重的人面形：上方头部是一个自然的人面，下方身体则呈现为一个五官俱全的隐喻的人面形——双乳突和圆肚脐构成双眼和鼻子，下面用女性生殖器代表了嘴。上下对应的细节还有：上方的人面形外缘是用捏塑出来的凸起棱线表示大耳朵状，下方的躯体外缘也是用捏塑出来的凸起棱线表示双臂环抱姿势。

　　与后世文学中以吃比喻性行为的表达模式遥相呼应，造型艺术中这种上下对应的性器表现模式也是史前艺术常见的表达模式，我们在号称最神秘的良渚玉器神徽上已经看得十分清楚：身体上方的口与下方的女性性器形成对应。上方是神人大口，下方是呲着獠牙的女阴，比较神话学称之为"牙齿阴户"。史前艺术的这类表达模式，其根源在于神话信念中生殖器与口的类比认同。华夏神话认为大地为母性的"坤"，她能够"吐生"万物，明显将大地母亲的口等同于能够生育的女性性器。口的功能"吐"和

145

河西走廊——西部神话与华夏源流

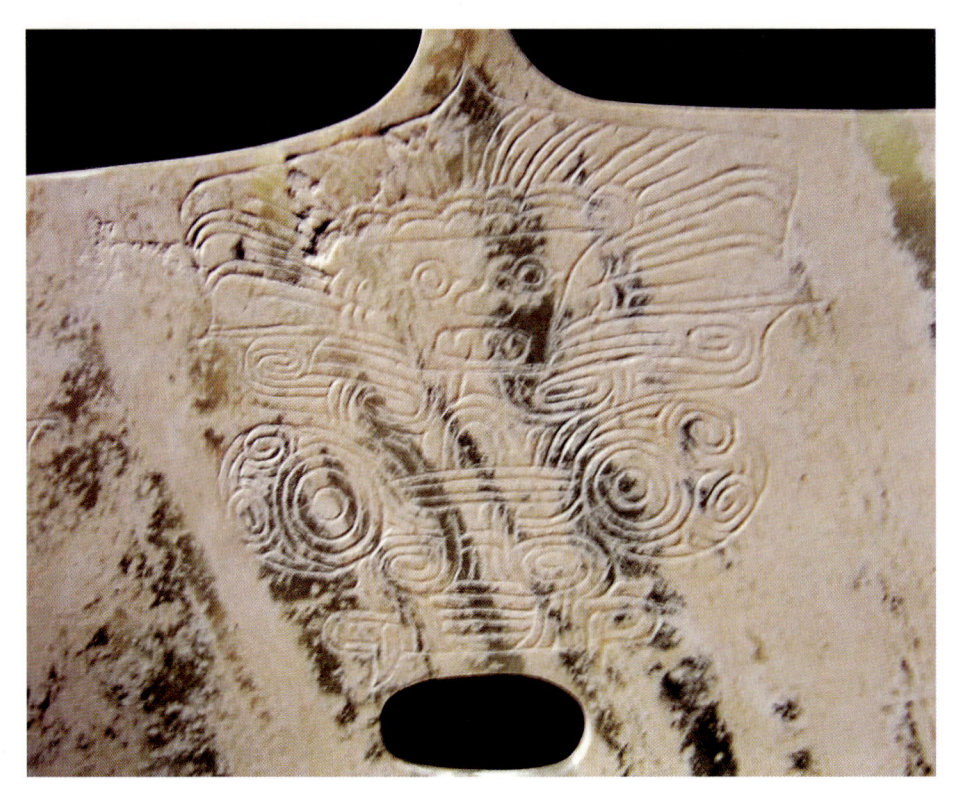

牙齿阴户——上下之"口"对应的良渚文化神徽

性器的功能"生",在"吐生"这样的神话观念语汇中得到完美的相互认同。民俗方言有将女阴称为"蛙口"的说法,这个比喻当是来源于蛙母神信仰的远古时代。类似的民间文学比喻措辞,有兰州大学武文教授采集的甘肃东乡族男性粗俗话语:"掏出我的黑麻蛇,要咬你的癞蛤蟆。"[1]以青蛙/蛤蟆比喻女性性器的用意十分明确,无须过多举例。再参照新石器时代考古专家金芭塔丝(Marijia Gimbutas)对网纹、圆圈纹为子宫象征,蛙/蟾蜍形象为再生母神象征的精辟分析[2],柳湾出土的这件国宝不妨理解为马家窑女神宗教的标志性符号。对母神生育能量的神圣化和神话化,是我们从整个欧亚大陆史前女神宗教的宏观背景中重新解读它的新视角。

[1] 武文:《东乡族蛙精故事探考》,载《民族文学研究》1994年第4期。
[2] M.Gimbutas, *The language of the Goddess*, San Francisco: Haper &Row,1989,p.206,p.253.

伍　沉寂五千年，柳湾闻蛙声

女阴纹彩陶壶（临洮彩陶博物馆）

金芭塔丝根据史前考古符号得出的结论，推论欧洲历史中始终存在蛙女神的神秘形象："那就是所谓厚颜无耻的'希拉那吉'（Sheelana-gig）。她出现在英格兰、法国、爱尔兰和威尔士的石头建筑上，呈现为裸坐状，像蛙一般双腿张开着，双手则摸着她的阴部。在12—16世纪之间，这些形象被雕刻于城堡和教堂。你经常可以在拱门的上方或在教堂的墙壁上看到它们。希拉那吉的手要么指向她的阴部，要么分开她的阴唇。"中世纪爱尔兰和英格兰的"希拉那吉"常常被供奉在老教堂（12世纪圣玛丽和圣大卫教堂，英格兰基尔派克）。从她的大圆眼和巨大的阴部看，非古代的蛙女神或蟾蜍女神莫属，那是自新石器时代留传下来的生育能力的赋予者和再生者。

金芭塔丝还指出，希拉那吉至今仍受到高度的崇敬，但是不足为奇的是，她的表现却在神秘之中被遮掩了。要寻找远古蛙女神的后裔，那就非她莫属，伟大的再生者。有关蛙与蟾蜍的许多形象和信仰继续在欧洲的青铜时代、铁器时代传播，并留在民间传说和民间艺术中。[1]

---

[1] M.Gimbutas, *The Living Goddesses*, Berkeley:University of California Press, 1999, pp. 29-30.

金芭塔丝《活着的女神》一书图21的解说词是：带有人面形和乳房的蛙/蟾蜍女神，明确刻画出女阴。这样的意象通过铜器时代一直留传到20世纪。（a）青铜时代的墓地石雕，公元前11世纪（迈扫、奥地利）。（b）画在圣母玛丽亚旁边的画像，1811年（巴伐利亚）。[①]

有了以上的跨文化认识，回到我们面前的马厂时期人形彩陶壶，对象没有变，可是我们的理解会变得更加透彻。

若以壶口为蛙嘴，整个陶壶是一个象征母神的完整的立体蛙人，其整体造型突出的是母体上能够"吐生"的壶口部。正面塑造的人体形象突出的是上方之口与下体之口（性器）的对应关系，两侧象征孕育生命之子宫的网纹圆圈则强化表现母神作为生命本源与再生力量之源的作用。当我们解读出这件彩陶局部符号意蕴和整体象征意蕴的对应关系时，再将彩陶壶作为墓葬用品的功能背景联系起来，就能够进一步对马家窑文化"唯陶为葬"的特色现象有新的体悟式理解。在死者入土之际，让再生母神的象征器物即绘有蛙纹、葫芦纹等符号的彩陶来陪伴，真是再好不过的送别礼物。金芭塔丝根据西文"坟墓"（tomb)与"子宫"（womb)二词的语根关联，洞察出史前墓葬的回归大地母神身体之隐意。[②]她对史前墓葬形制的深入观察和理解，要比精神分析根据梦幻象征将容器解读为子宫更加显得理据充分。柳湾墓地的马厂和齐家墓葬有一类带封门的凸字形洞室墓，可为金芭塔丝的观点提供呼应。如M910墓和M990墓，后者特意用一排木柱封堵墓门，较为直观地体现出回归地母腹中的类比联想特征。后来的道家圣人们竭力主张的"复归婴儿"和"复守其雌"，正可溯源于此种史前流传下来的丧礼实践。[③]

[①] 参见马丽加·金芭塔丝：《活着的女神》，叶舒宪等译，广西师范大学出版社2008年版，第31页。
[②] M.Gimbutas,*The Living Goddesses*,Berkeley:University of California Press,1999,pp.55-71.
[③] 参见叶舒宪：《高唐神女与维纳斯——中西文化中的爱与美主题》，中国社会科学出版社1997年版（或陕西人民出版社2005年版），第二章第六节"母与墓"。

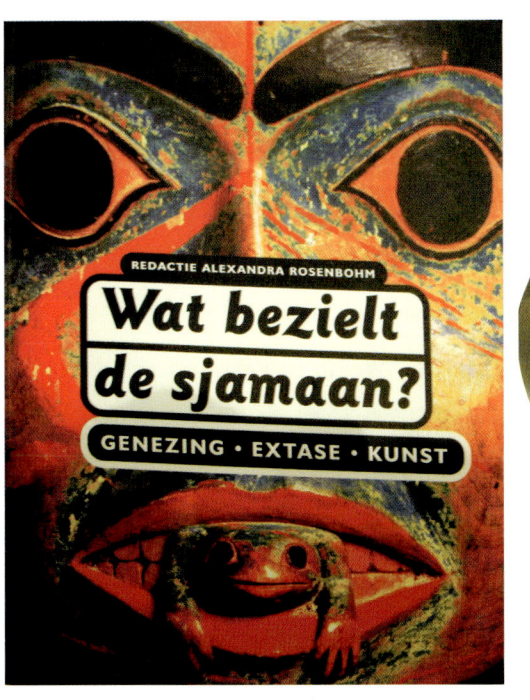

萨满面具——蛙神吐生图（Rosen Bohm 著作封面，2004年摄于荷兰）

马家窑文化马厂类型的蛙形神人（2007年摄于青海柳湾彩陶博物馆）

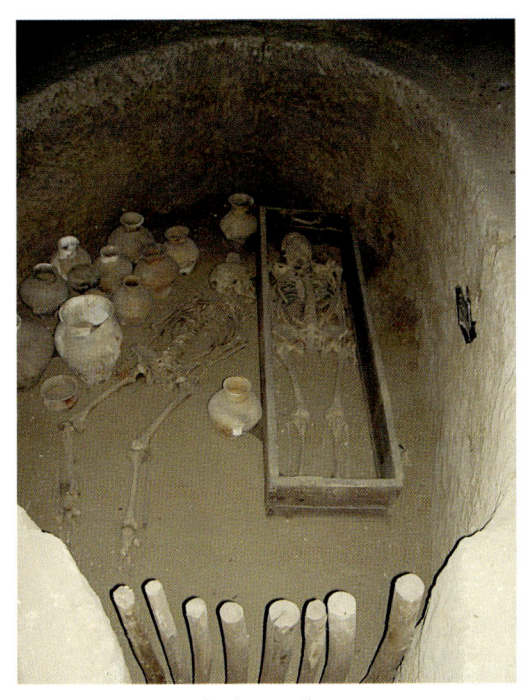

柳湾M990墓

如此看来，异常发达、灿烂的马家窑彩陶不仅是具有审美和艺术价值的文物，也是五千年前西北先民给后人留下的一大笔珍贵的墓葬语境中图像叙事的作品。彩陶文化不仅能够从美术史和器物进化史的角度加以解释，也需要从宗教神话史和思想观念史的角度加以释读。

比较宗教学的视角对于这种解读无疑是有启示的。如金芭塔丝所论："新石器时代的艺术以女性和蛙形形色色的结合体为一大特色。在许多新石器时代的遗址，工匠们雕刻了许多用绿色或黑色石头制成的蛙形女神小雕像，并把它们放在陶瓶和庙宇墙的浮雕中。女神阴门的显现着重强调了这些形象的再生力量。新石器时代的陶器也常常强调图式化的蛙。将蛙和蟾蜍简化成一种象形的符号——M形，可以追溯到约公元前5000年的温加文化和提萨文化的大陶瓶，瓶上就带有M形符号，位置在一尊女神人形的脖子上。虽然某些特有的把手不能认作人的胳膊，但是却十分类似于青蛙的腿。蛙腿把手成为一种传统的特征，它证明了在神人同形的陶器上出现的蛙女神。"[1]

下面是金芭塔丝书中的图像资料，同样具有重要的参照价值。

图17，再生女神的浮雕作为一只青蛙，用来装饰新石器时代的庙宇墙壁和陶瓶。这一尊来自库库特尼A2期文化，公元前4500年至前4400年（特鲁塞司提，摩尔多瓦）。

图18，这是一尊新石器时代的陶塑蛙女神像。公元前6000年中期（房址第Ⅵ5号，哈西拉，土耳其西部）。

图19，画在一个M符号之上的女神上方。M符号表示蛙或蛙腿形状。由提萨和温加文化所制造的大陶瓶。这些线描表明盛水的容器对于女神具有神圣性，因为水是生命与再生之源。曲线和延展的螺旋线更加强化了这种意蕴。陶器的把手可以代表蛙女神上扬的腿。[2]

---

[1] M.Gimbutas, *The Living Goddesses*, Berkeley:University of California Press,1999,p.27.
[2] 参见马丽加·金芭塔丝：《活着的女神》，叶舒宪等译，广西师范大学出版社2008年版，第28—29页。

伍 沉寂五千年，柳湾闻蛙声

看了欧洲和亚洲西部的这些史前蛙神形象，再反过来看我国的马家窑文化彩陶蛙纹符号，也就不再感到陌生和困惑了吧。

如果有人要问，马家窑文化盛行一时的蛙纹彩陶，为什么到了取代它的齐家文化就全然消失不见了呢？墓葬的变革也许很能说明问题：母系社会被父权制社会彻底取代，母神的权威自然要让位于父权制宗教的男性新神灵。联合国教科文组织牵头的国际合作编写项目《中亚文明史》，由中国考古学家安志敏撰写的第七章"中亚东部的新石器时代聚落"中提到了马家窑文化的女性厚葬风俗，认为是当时盛行的母系氏族社会的写照。如兰州花寨子235号墓中的成年妇女，其随葬品为18件陶器，1个石纺轮以及448颗骨珠。"这种厚葬显示了对妇女的尊重，表明当时仍处于母系氏族公社阶段。"[1]虽然柳湾的马厂墓葬已经显示出男性厚葬的极端景观，表明社会变革已经发生，但是母系社会所尊崇的神圣象征符号依然按照历史的惯性在马厂时期继续繁荣。直到亦牧亦农的齐家文化在甘青地区确立全面统治之时，蛙和葫芦、圆圈等母神符号才在彩陶绘图世界中彻底终结。齐家文化相对马厂文化，是更加

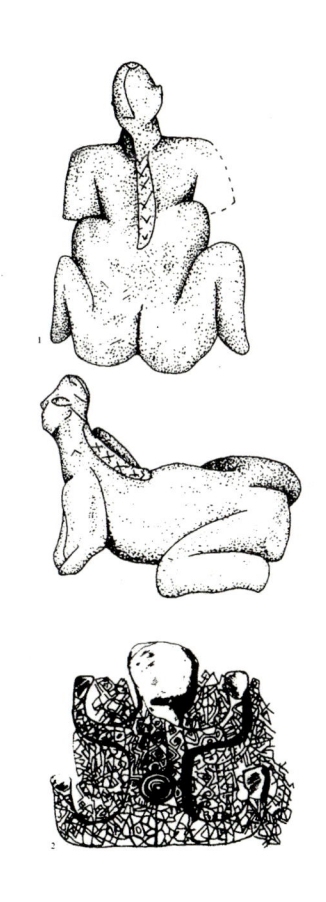

西亚安纳托利亚出土的史前蛙女神造型，距今约七千年（引自金芭塔丝《女神的语言》中译本第306页）

---

[1] A.H.丹尼、V.M.马松主编：《中亚文明史》（第一卷），芮传明译，中国对外翻译出版公司2002年版，第112页。

马家窑文化母系社会模拟图(2006年摄于甘肃省博物馆)

马厂彩陶单彩蛙人(柳湾彩陶博物馆)

伍　沉寂五千年，柳湾闻蛙声

柳湾M972墓

严格的父权制社会。游牧文化所崇奉的羊头羊角，成为这一时期彩陶纹饰中新的重要符号。柳湾保留下的马家窑文化到齐家文化各个时期的墓葬现场，脉络清晰地展示从女性厚葬到女性陪葬的根本转变。

柳湾彩陶博物馆内展出的M972墓葬复原景观，是一座齐家文化的三人合葬墓，男性墓主仰身直肢躺在独木棺内，两位女性紧贴着躺在棺外，显示非正常死亡的痛苦状，"有的头骨有明显的裂痕"[1]。作为男性主人的陪葬者，究竟是他的妻妾还是女奴隶，我们无从知晓。该墓陪葬器物丰厚，有31件之多。陶壶、陶盆、陶罐，加上陶纺轮和1件灰陶鸮面罐，以及串珠和绿松石饰物等，透露着男墓主身份的尊贵。但是半山、马厂彩陶上常见的蛙纹、蛙人纹等却不再出现。彩陶及其纹饰符号就这样随着母神信仰的衰落而走向衰亡。

只是在齐家文化覆灭之后出现的辛店文化中，蛙人纹再度像"回光返照"一样在史前彩陶上得到最后的表现机会。

---

[1] 青海柳湾彩陶博物馆编：《燧火的赠品——青海柳湾彩陶》，青海人民出版社2007年版，第25页。

陆　蛙神信仰及神话源流

百变蛙神：从图像叙事到文本叙事

如果将五千年前的世界视为史前时代，那时人类还没有建立起纯粹世俗的世界观，他们看待周围的宇宙万物都难免充斥着神与精灵的体现。换言之，初民的精神观念之中根本不存在一个不要神灵看顾的客观世界。所以考察史前艺术造型的最大益处就是可以直观地进入先民的视觉意象世界，从而洞悉其丰富多彩而又千变万化的神话世界观。从大地湾的蛙纹彩陶到马家窑文化上下千年的蛙人纹造型传统，我们看到西北彩陶文化所体现的蛙神信仰的连续性和持久性。那是一个不受文明人逻辑思维掌控的世界，是一个根本不顾，更不会讲究矛盾率和逻辑排中率的神幻空间。在蛙、蝌蚪、人、精灵的相互认同信念支配下，神灵形象以半人半兽的方式出现，或者以几何图形的象征方式出现。在彩陶图案中，信仰对象的因素要远远大于美术、装饰的因素。因此，来自史前宗教传统的图腾、巫术、

陆 蛙神信仰及神话源流

马家窑文化变形蛙人彩陶壶（2006年11月摄于兰州市博物馆）

马家窑文化变形蛙人形彩陶壶（私人藏品）

万物有灵观、咒祝心理和以出神（灵魂出窍和离体）及魂游为特质的萨满教信仰，都是今人回溯性地理解那个史前人类精神世界的基础和门径。

19世纪最博学的学人黑格尔曾经把古埃及大金字塔前的斯芬克斯形象，解读为人类自我意识诞生（以希腊艺术为起点）以前人兽不分状态的标本。20世纪的比较宗教学则揭示出，自史前期延续下来的动物造型或者半人半兽形象并不一定是动物崇拜的表现，动物可以是神明的化身，特别是女神的象征。按照这一提示，中国史前艺术中常见的蛙人形象是否也是崇拜的对象，具有宗教和神话的意蕴呢？

回答这个"中国式的斯芬克斯之谜"，最好的途径显然不在于纯文献上的探讨，不在于黑格尔式形而上的理念思辨，而是要诉诸出土和传世的各种蛙人实物图像，并且尽可能地还原出其形而下的谱系的历史。本部分的内容从图像叙事材料入手，试图为文明史上出现的文字叙事找出深远的史前源头，并且将图像叙事和文字叙事联系成为同一种神话信仰传统的不同表达方式。

为了将史前的马家窑文化蛙人造型与商周以来的蛙纹造型看成一个完整的文化传承过程，有必要找到在时间年代上和空间地域上都足以充当中介作用的一种文化，那就是取代齐家文化而存在于黄河上游地区的另一个父权制社会集团的文化——辛店文化，其年代和商代大略相当。

辛店陶器"蛙人-太阳"图式解

青海省文物考古研究所等编的《民和核桃庄》（科学出版社2004年版），报告的是黄河上游及其支流湟水、洮河等流域在公元前1000年前后辛店文化的四百多座墓葬及出土器物。半抽象的蛙人形象是陶器图案中流行的模式化表现，显示了自公元前3000年马家窑文化以来彩陶上蛙人造型的延续和变化情况。

M211墓出土的陶瓮上的蛙人图像，形象主体基本因袭了马厂彩陶的同类造型，变得更加抽象化和图案化。

M255墓的陶瓮，出现太阳与蛙人图像的对应造型。陶器被分割为上下两个绘图空间：上方颈部绘有四个太阳，下方则对应着两个头向上的蛙人。[①]

这样的图像设计，是随意画出的装饰性符号呢，还是要表达某种象征的意义？从画面上非常清晰的对称性设计和严整构图来看，这种图案显然不是出于随意性的涂抹，而是精心设计和有意为之的。于是我们可以追问：为什么在已经传承数百年的马家窑文化半山类型和马厂类型蛙人模式之上，辛店文化的先民又添加了明显的太阳符号？这样的对应符号背后有没有一种神话观念的支持呢？

---

① 参见青海省文物考古研究所、青海省文物管理处、西北大学文博学院编著：《民和核桃庄》，科学出版社2004年版。

陆 蛙神信仰及神话源流

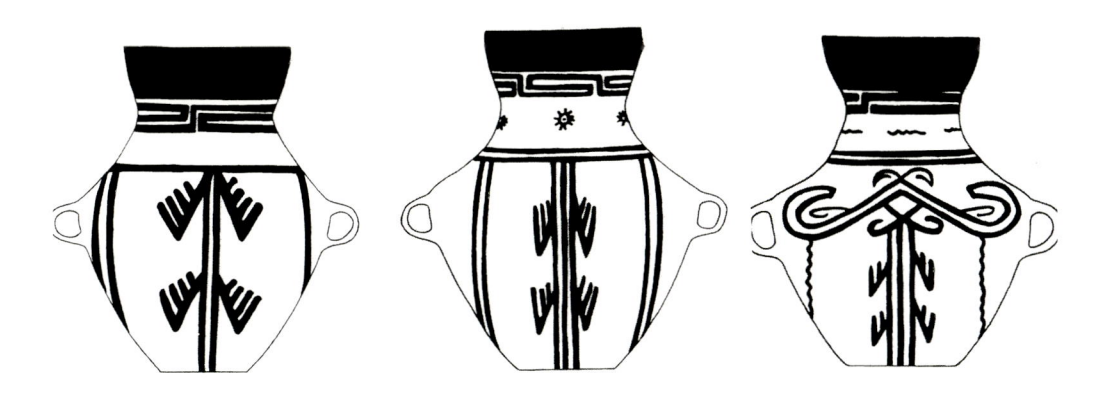

辛店M211出土的蛙纹陶瓮（引自《民和核桃庄》）　　辛店M255出土的蛙纹太阳纹陶瓮（引自《民和核桃庄》）　　辛店M243羊出土的角纹蛙纹陶器（引自《民和核桃庄》）

从神话学常识可知道，青蛙/蟾蜍是月亮神话的重要象征物。那么蛙人与太阳的对应是否反映着辛店先民阴阳变化的观念呢？对于没有文字记录的辛店文化，此类疑问从汉语的传世文献中是难以找到答案的。可以参考的是境内少数民族关于日月出现与消失的神话。

如在广西壮族神话中，有作为天神使者的青蛙角色。《布洛陀和密六甲》讲述了女神布洛陀帮助人类对抗雷神的意图——用屠杀老人的办法来减少地球上日益增加的人口。她教人用马皮造鼓，和雷神的雷鼓比赛，人间的马皮鼓以数量优势压倒了雷鼓的声音。雷神派他的儿子青蛙来人间探察究竟。没想到青蛙同情人类，教人造出配备着六只青蛙的大铜鼓，其声音远远超过雷鼓。从此被打败的雷神只好放弃屠杀人类的计划。

从壮族祭祀青蛙的蚂蜗节习俗看，新春的季节性背景非常明确。而壮族观念中青蛙的神性是自古以来就一直流传的。在民间想象中，蛙神的超自然力甚至能够直接干预天体的变化。土家族流传的《张果老、李果老制天地的神话》就提供了这样的实例。

广西岑溪出土的西汉五
铢钱纹铜鼓

张果老去造天的时候,地上被洪水淹没。于是,张果老就造了二十四个太阳,昼夜不停地照着大地。没想到惹怒了青蛙,它跳到地上仅剩的一棵马桑树梢上,把二十二个太阳一个一个吃光了。正当它要吞食剩下的两个太阳时,被观音菩萨看见。观音很生气,拿起棒子去打马桑树。所以,才形成今天的马桑树很矮小并且扭曲着身子那样一种树种。而青蛙也就不能再去吞食太阳了。因为太阳是个姑娘,她跟观音说:"白天大家来看很感羞愧。"观音就给了她五根缝东西的针,并对她说:若是有人想来看你,就用针去扎他们好了。这样才留下两个太阳,白天出来的叫太阳,晚上出来的叫月亮。[①]

根据以上非汉族神话故事所体现的观念可以总结出两点:
青蛙是雷神的儿子(蛙/蟾蜍=神灵);
青蛙吃太阳(蛙/蟾蜍=太阳的对立面)。

[①] 引自百田弥荣子:《中国传承曼荼罗——中国神话传说的世界》,范禹译,民族出版社2005年版,第130页。

陆 蛙神信仰及神话源流

西晋月女神蟾蜍画像砖(敦煌博物馆)

神话中太阳的对立面往往就是太阴即月亮,青蛙/蟾蜍和月亮神话的关联在此由于吃太阳的情节而得到另类的旁证。朝出夕落的太阳和昼伏夜出的月亮同样是神话思维中死而复活的象征。青蛙作为神话中与水(雨)和月亮相关的生物,被视为是阴性的。由太阴的象征青蛙来吞食太阳和人格化的形象——月神嫦娥从日神后羿那里窃走不死药一样,都是对阴阳交替宇宙循环节律某种故事化的诠释。神话所要说明的就是为什么会有月出日落、昼夜交替、黑暗和光明轮转这样永恒的自然变化。由此不难推测:辛店文化出土陶器上蛙人对太阳的图形,蕴含着阴阳转化的宇宙生命节奏之意。土家族的《张果老、李果老制天地的神话》,以天灾和救世的母题演示创世神话:将二十四个太阳的宇宙异常状态作为开天辟地时的灾异场景,让青蛙行使恢复阴阳调和正常状态的救世使命。这里的青蛙其实和汉族神话中炼石补天、恢复宇宙秩序的大神女娲承担着同样的神话功能角色。可以说，土家族的神话中遗留着来自远古的蛙神话记忆，隐约透露着蛙/蟾蜍一类神物同创世主题的关系。

20世纪70年代，陕西临潼姜寨出土的仰韶文化陶器上有蟾蜍图像，引起了一个重新解说女娲原型的尝试：女娲就是女蛙。按照古汉语词义同音假借的规则，这一推测当然有其合理的一面。[①]有待于深入挖掘的问题在于，如果认可"蛙"与"娲"的假借关系，那么为什么石器时代的人会崇拜蛙？对此，象征学家的著作已经有了现成的答案，足以帮助我们解读新石器时代以来屡见不鲜的蛙/蟾蜍符号的神秘底蕴。

> 青蛙有许多象征意义，其中最主要的意义与水，它生活的自然环境有关。在古代中国，人们利用或模仿青蛙来求雨。青蛙的形象出现在青铜鼓上，因为鼓声使人想到雷电，人们用铜鼓呼唤雨水。青蛙有时和癞蛤蟆区别不清，是与水和"阴"一致的太阴动物。人们认为，鹌鹑，即火鸟（属阳），会在春分和秋分时节变成水栖的青蛙（属阴）；然后，按照大自然基本的有规律的运动，它又重新变回鹌鹑。……在印度，"巨蛙"背负着整个宇宙，它是浑沌的、未分化的物质的象征。所以，人们有时把六十四格的曼荼罗称为青蛙。据说，曼荼罗是某个战败的阿修罗的遗体。在西方国家，由于青蛙的变态过程，它曾一度被看成是复活的象征。[②]

藏传佛教的神话象征图案及纳西族的巴格图中，也有类似的蛙形宇宙图模式。这究竟是受到印度文化影响的结果，还是本土自生的神话观念，有待于进一步探究。如果诉诸文字记载，则古印度的梵语文献提供了最早

---

① 叶舒宪：《千面女神——性别神话的象征史》，上海社会科学院出版社2004年版，第147页。
② 《世界文化象征辞典》编写组：《世界文化象征辞典》，湖南文艺出版社1992年版，第731页。

陆 蛙神信仰及神话源流

纳西族的青蛙宇宙图——巴格图

时期的证据：

在吠陀教诗歌中，青蛙是因春雨滋润而受孕的土地的象征；此起彼伏的蛙鸣是感谢上天的合唱，感谢它答应给大地带来果实和财富。……青蛙是唱经班的歌手，是地母的祭司。《梨俱吠陀》中献给青蛙的赞美诗是这样结尾的：

但愿青蛙保佑，

在我们挤奶的时候，

奶汁源源不断，如有成千成百的奶牛，

但愿青蛙延长我们的生命，

在冬季和旱季，大地沉寂萧索。突如其来的蛙鸣，是大地完全复苏的标志，是每年大自然苏醒的信号。[①]

---

① 让·谢瓦利埃等编：《世界文化象征辞典》，湖南文艺出版社1994年版，第731—732页。

甘肃永靖出土的蛙纹彩陶壶（2014年摄于永靖县博物馆）

由此可见，比较神话学揭示的青蛙、蟾蜍所拥有的季节物候的符号指示功能，是它们在神话思维时代获得普遍神性的关键。通过物候的定期出现确认季节的更替，把握农业和畜牧业生产的时节，可以大致显示出青海民和核桃庄史前文化墓地出土陶器上太阳与蛙人图案的观念背景。不仅如此，各地的史前期文化中一再出现的蛙神、蛙人一类图像的神话底蕴，也可以由此得到整体上的通观解读。再参照波罗的海民间信仰的女神拉佳娜，对此会有更加确切的认识。

拉佳娜是一个危险的巫婆，不断搞破坏。……在宇宙中，她能把满月变成半月，或者引起日蚀。拉佳娜能够预言自然的轮回，平衡宇宙之间的生命力。她怕月亮、植物永远成长，就不让他们生长、开花。拉佳娜能够控制男人的生育能力，经常让他们彻夜狂欢、筋疲力尽。她扼杀生命为的是保证生命能量的循环更替。她对一切草药的魔力了如指掌。她用草药治愈病人、重塑生命、起死回生。

她在履行死亡与再生女神的职责时，主要以蟾蜍的形象出现。但是她也会以其他形象显灵，比如鱼、蛇、豪猪、母猪、母

陆 蛙神信仰及神话源流

古埃及蛙神浮雕

马、狗、喜鹊、燕子、鹌鹑、蛾子或是蝴蝶。在早春的时候，拉佳娜变作一位美丽的裸体女性，在湖中或小溪里梳理自己金色的长发。[1]

死亡与再生女神拉佳娜的主要化身是蟾蜍，但也能够化为其他动物。她所拥有的巨大法力能够引起日蚀，这和青蛙吃太阳的中国神话吻合对应。两种神话叙事相互参看，表层叙事差异背后共通的象征法则就和盘托出了。

关于蛙或蟾蜍的神话象征意蕴，瑟洛特（J.E.Cirlot）是这样介绍的：青蛙代表着土元素向水元素的转换，或者是水元素向土元素的转换。这种和自然生殖力的联系是从它的水陆两栖特征引申而来的，由于同样的理由，青蛙也成了月亮的动物（a lunar animal）。有许多传说讲到月亮上有一只青蛙，它还出现在种种求雨仪式上。在古埃及，青蛙是赫瑞忒（Herit）女神的标志，她帮助伊西丝女神为奥西里斯举行复活仪式。因而小蛙出现在泛滥之前的尼罗河上，被认为是丰殖的预兆。按照布拉瓦斯基的看法，蛙是与创造和再生观念相关的一种主要生物。这不仅因为它

---

[1] M.Gimbutas,*The Living Goddesses*,Berkeley:University of California Press,1999,p.206.

是两栖动物，而且因为它有着规则的变形周期（这是所有月亮动物的特征）。古人曾将蛙神放置在木乃伊之上。蛤蟆是蛙的对偶，正如胡蜂是蜜蜂的对偶。荣格在此之外还提出他的见解说，在解剖学特征方面，蛙在所有的冷血动物中是最像人的一种。（因而可以代表进化的最高阶段：Ania Teillard在他的画《圣安东尼的诱惑》中放置一只蛙，长着老人头。）因此，民间传说中常常有王子变形为青蛙的母题。①

那么，蛙蟾类变形动物是在什么时代、怎样进入人类的神话思想的呢？限于有文字记载史料的年代界限，考察此类问题的唯一重要线索只能到书面文学出现以前的史前考古学中去寻找。金芭塔丝认为当时普遍崇奉的神灵不是男性而是女性。这种女神文明由于覆盖空间广大，持续时间久远，形成了在整个欧亚大陆通用的象征语言，表现为各种常见的象征生命赐予、死亡处置和再生复活的原型意象。后者也就是月亮"死则又育"功能的体现，其中的一种象征模式被称为"再生性的子宫"（regenerative uterus），分别以动物形象或拟人化形象出现。象征再生性子宫功能的动物形象是以下八种：牛头、鱼、蛙、蟾蜍、豪猪、龟、蜥蜴、野兔。象征同一功能的拟人化形象则主要是鱼人、蛙人和猪人三种。②蛙/蟾蜍和蛙人意象在此模式中占有较大的比重。从金芭塔丝在《女神的语言》和《古欧洲的女神与男神：6500BC—3500BC》等书中列举的图像资料来看，蛙/蟾蜍之类的造型相当普遍。对照中国考古学近年的发现，特别是甘青地区彩陶图像，相似的情形显而易见。

关于女神文明及其象征语言产生的原因，包括金芭塔丝在内的许多学者都有相当成熟的看法。一般认为，女性特有的生育功能和月经现象是使史前人类产生惊奇感、神秘感，进而导致敬畏和崇拜的主因。当代的比较神话学家鲁贝尔指出："女阴是旧石器时代女性能量和再生能力的一种象

---

① J.E.Cirlot, *A Dictionary of Symbols*, New York: Routledge, 1971, pp.114-115.
② M. Gimbutas, *The Language of the Goddess*, San Francisco: Happer & Row, 1989, p.328.

陆 蛙神信仰及神话源流

古埃及蛙女神赫瑞忒

征。其时间从公元前3万年开始,它冲破各种压抑的界限,作为一种意象遗留后世。艾纹·汤普森(W.Irwin Thompson)注意到,'女阴的这种神奇的特质似乎主宰了旧石器时代人类的想象力。……但是女阴又是巫术性的伤口,它每个月有一次流血,并能自我愈合。由于它流血的节奏与月亮的亏缺相同步,因而它不是生理学的表现,而是宇宙论的表现。月亮死则又育,女人流血但是不死,当她有10个月不流血时,她便生出新的生命。我们据此不难想象,旧石器时代的人是怎样敬畏女性,而女性的神秘又怎样奠定了宗教宇宙观的基础'。对女性神圣性和其神秘性的理解,以及由此引发的高度敬畏和崇拜,贯穿于整个旧石器时代晚期、新石器时代和铜器时代。"[1]从史前进入农业文明,女神信仰时代传承下来的最重要神格,除了大地母神,就是月亮女神。巴比伦的月神辛,古希腊的阿耳忒弥斯,古罗马的狄安娜,中国的西王母等,均可视为远古女神宗教的后代遗留形象。而蛙/蟾蜍、鱼、龟、蛇、兔、蜥蜴等女神的动物化身形象也基本不变地流传后世,只是它们的原始象征意蕴逐渐变得复杂和模糊了,信仰和巫术性的色彩日渐消退,文学性和装饰性则日渐增强。

---

[1] Winifred Militis Lubell, *The Metamorphosis of Baubo:Myths of Woman's Sexual Energy*, Nashville & London:Vanderbilt University Press,1994,pp.6-7.

蛙神八千年

从藏族文化以及藏族的亲缘民族纳西族文化所特有的蛙神宇宙图、巴格图模式看，青海民和出土的辛店文化蛙人图式提示了文化源流的线索。体质人类学的头骨研究表明："核桃庄组与藏族A、B组之间也存在不同程度的联系，其函数值无论在全部项目上，还是角度指数项目上都表现出其与核桃庄组有程度不同的接近关系。这或许有助于我们进一步了解现代藏族至少是一部分藏族居民的种族渊源问题。"[1]我们知道，构成汉藏语系中与汉族对应的藏族这个名称是现代才有的，藏族在汉族古书中叫作吐蕃，上古时期则泛称羌人、西羌或者氐羌。

考古学方面已经认定："辛店文化居民的族属应属于羌戎系统，更具体一点说，是羌人。"[2]也就是说，三四千年以前在青海、甘肃一带生活的藏族先民古羌人，他们图像叙事中应用的蛙人以及蛙人对应太阳的图案模式，是考察汉藏语系藏语支各民族神话宇宙观来源的新素材。

如果把追溯蛙神由来的视野从彩陶图像扩展到玉石雕塑，那么迄今可以看到的最早的实物证据出自北方草原：内蒙古自治区林西县出土的兴隆洼文化"蟾蜍石雕像"，距今七千八百年。这尊石蟾蜍揭开了我国图像叙事中青蛙/蟾蜍造型表现的序幕。这种诉诸视知觉的图像叙事，比汉文献叙事中大女神女娲的登场早了足足五千多年。

兴隆洼文化"蟾蜍石雕像"是1984年在内蒙古自治区林西县西山出土的，长11.5厘米，高25厘米。与之同时期的文物还有石雕女神像两尊，从

---

[1] 青海省文物考古研究所、青海省文物管理处、西北大学文博学院编著：《民和核桃庄》，科学出版社2004年版，第292页。

[2] 青海省文物考古研究所、青海省文物管理处、西北大学文博学院编著：《民和核桃庄》，科学出版社2004年版，第305页。

陆 蛙神信仰及神话源流

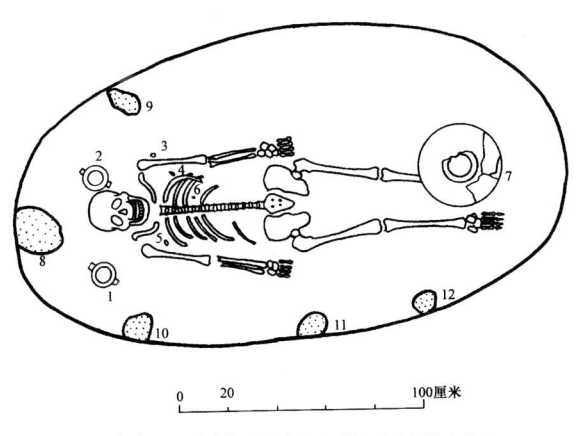

辛店M99墓剖面图（引自《民和核桃庄》）　　林西出土的兴隆洼文化女神像

造型特征看，也呈现较为明显的蛙人形。学界最早关注这个史前动物雕像的是林西县博物馆馆长王刚先生。他认为："林西县石雕人像与石雕蟾蜍是同一时间、同一地点出土的遗物，石质相同，从制作手法观察仿佛出自一人之手。兴隆洼先民对动物崇拜表现并不多，石蟾蜍的问世尚属首次。它的出土虽然罕见，但也离不开兴隆洼先民们对万物有灵这一观念为其思想根源。笔者认为兴隆洼先民们当时对蟾蜍的崇拜也是非常庄严隆重的，绝不亚于对生殖的崇拜，只不过是各有各的保佑范围罢了。无论是对女神的崇拜还是对蟾蜍的崇拜都是氏族社会中普遍流行的宗教观念之一。"[①]

把石蟾蜍解释为万物有灵的信仰表现，把女神像解释为生殖崇拜，这个观点是值得商讨的。参照考古学家金芭塔丝的研究成果，新石器时代的欧亚大陆普遍存在女神宗教信仰。女神宗教的主要造型特征是女性雕像及其动物化身同时繁荣，青蛙、蟾蜍和鱼、鸟、蛇、猪、熊等充当着女神最主要的动物化身。[②]根据这个提示，我们可以把近八千年前的兴隆洼文化石蟾蜍，六千年前的仰韶文化姜寨陶盆鱼-蟾蜍图，五千至四千年前的马家窑

---

① 王刚：《从兴隆洼石雕人像看原始崇拜》，载《昭乌达蒙族师专学报》1999年第3期。
② 参见M.Gimbutas,*The Language of the Goddess*,San Francisco:Haper & Row,1989;M.Gimbutas,*The Living Goddesses*, Berkeley:University of California Press,1999。

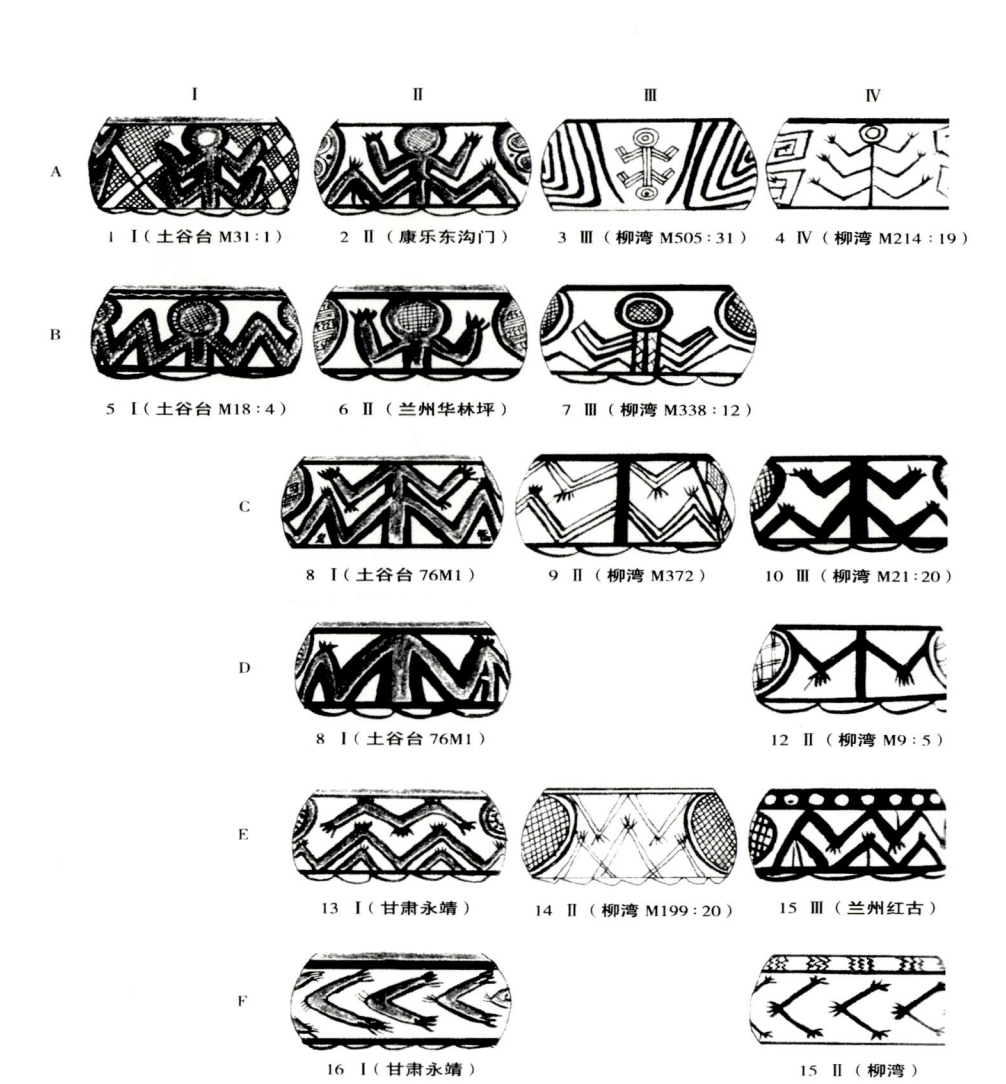

马厂文化人蛙纹（引自李水城《半山与马厂彩陶研究》）

兴隆洼文化石蟾蜍（摄于甘肃省博物馆"红山玉韵展"）

河南殷墟出土的玉蛙

陕西汉中出土的商代蛙纹铜钺（摄于陕西历史博物馆）

文化半山类型、马厂类型蛙人纹模式，以及三千年前的辛店文化蛙人-太阳图像模式看成一个传承不衰的潜在传统。进入华夏的父权制中原文明之后，神蛙传统和女神信仰的关联逐渐模糊和淡化，表现为夏商周以来各种官方背景的蛙形铜器、玉器、陶器造型，由于历史的断裂而丧失了本义，在后代沦为纯粹的装饰性美术图式，也有顽强活跃在民间美术中的蛙与蛙人造型传统，至今绵延不绝。而在中原以外地区，特别是少数民族地区则以蚂蚓节、东巴仪式礼器、蛙神吃太阳神话和神蛙铜鼓、蛙形宇宙图、巴格图等丰富多彩的形式，变相地延续着这个八千年的古老的传统。

无独有偶，笔者2007年12月在甘肃省博物馆参观"红山玉韵展"时，看到了由海外收藏家收藏的一个兴隆洼文化的石雕青蛙形象。至于各地古玉收藏家所收藏的红山文化玉蛙，散见于各种书刊之中[1]，虽真伪有待鉴别，但仍然透露出红山玉器中的圆雕蛙形象，这应该不是个别特例。这些玉蛙形象显然是石蛙/石蟾蜍的直接后继者。而殷墟妇好墓出土的玉蛙，是否来自红山文化的同类神圣雕塑，还需要进行中介联系的发掘和分析。

女神变形与性别象征

文明的到来意味着史前女神时代的终结，蛙女神信仰在父权制社会中通常的遗留形式是和女巫/巫婆联系在一起。日耳曼民间信仰的"海尔/哈拉"（Hel/Holla）女神就是这样的例子。

> 在德国口头流传的神话中，关于古代的死亡之神和再生之神有很多种说法。例如，海尔/哈勒、哈拉（在《格林童话》中广为人知），还有哈尔达、波尔卡塔和珀卡塔等。在神话中她被描述

---

[1] 参见柳冬青：《红山文化》，内蒙古大学出版社2002年版。

成一个让人毛骨悚然的可怕的神，就像希腊神话中的赫卡特。她经常和她的那些狼狗一起出现，狼狗从尸体上将肉撕咬下来，作为死亡之母，她将死者送至深山和洞穴最深处的冥府。Holler, Holder, Hollunder是老树的名字。这些树是哈拉的圣树，树下住着死者。虽然她是留着魔力长发的丑陋老巫婆，但她也是再生之神。她将太阳带到世间。象征生命的红苹果在丰收之际掉到了井里，她变作青蛙把它取出来。春天，冰雪融化之时，哈拉有时也会化身成一个美丽的裸体少女在小溪或河流中洗澡。当这位危险的死神变作春天里的少女时，她也就成了严冬过后生命复苏的化身。

为什么这位"死亡之母"又是"再生之神"呢？女神和巫婆的变形化身足以给出答案：像青蛙那样能够随着季节的变换而周期性地隐没和出现。原来青蛙/蟾蜍类水生动物的标准化季节特性，使得死亡与再生在神话思维中联系成为一对相互依存的元素。《礼记·月令》"（孟夏之月）蝼蝈鸣"，汉郑玄注："蝼蝈，蛙也"。《汉书·五行志中之下》："武帝元鼎五年秋，蛙与虾蟆斗。"这些古书记载表明，古人对生物的季节性变化非常关注。青蛙什么时节开始鸣叫，又在什么时节消失，都是农耕社会先民们意识之中的物候，其重要程度足以让史家写入史书。物候类的动物在民间信仰中保留神性身份的现象相当普遍。中国民间也不例外。辞书中就有"蛙神"条目。蒲松龄的《聊斋志异·青蛙神》中讲到清代南方民间崇奉蛙神的情况："江汉之间，俗事蛙神最虔。祠中蛙不知几百千万，有大如笼者。或犯神怒，家中辄有异兆。"

六千年前的陕西临潼姜寨遗址陶器图案"鱼-蟾蜍"，分别将女神的两种动物符号并列在一起。而大约五千年前的甘肃马家窑陶器图案则有将蛇与蛙并列展示的现象。若根据金芭塔丝归纳的女神象征物谱系，蛇在石器时代也同样是女神的重要化身。可是进入父权制文明以后，原来作为女神符号的

陆 蛙神信仰及神话源流

鱼与蟾蜍彩陶盆（陕西临潼姜寨出土）

各种动物发生了性别蕴含方面的分化，一部分仍然保留着史前期的女性、母性或阴性身份，而另一部分则转化成了男性、父性或阳性的身份。熊与蛇就是这种性别转换的突出代表。相比之下，熊先于蛇变成了阳性象征。

《诗经·小雅·斯干》云：

秩秩斯干，幽幽南山。如竹苞矣，如松茂矣。兄及弟矣，式相好矣，无相犹矣。

似续妣祖，筑室百堵，西南其户。爰居爰处，爰笑爰语。

约之阁阁，椓之橐橐。风雨攸除，鸟鼠攸去，君子攸芋。

如跂斯翼，如矢斯棘，如鸟斯革，如翚斯飞，君子攸跻。

殖殖其庭，有觉其楹。哙哙其正，哕哕其冥。君子攸宁。

下莞上簟，乃安斯寝。乃寝乃兴，乃占我梦。吉梦维何？维熊维罴，维虺维蛇。

大人占之：维熊维罴，男子之祥；维虺维蛇，女子之祥。

在西周占卜师的占梦语汇中，熊罴和虺蛇都是吉祥之兆，熊罴是男子的吉祥兆头，虺蛇是女子的吉祥兆头。这样的性别象征模式，可以视为对更加古老的女神象征谱系的父权制改造的结果。因为在漫长的史前时代，

民间艺术中的
蛙与蛇

蛙、蛇、熊等都充当着女神/母神的象征物。在中国史前文化中，五千多年前的红山文化牛河梁女神庙里同时供奉着熊头和女神像，就足以说明这一点。[①]在《诗经》时代依然作为女子之祥的蛇类，到了后来的父权制社会中也逐渐被改造成为男性和男根的象征。

武文教授所调研的黄河上游地区蛙蛇祭祀礼俗，清楚地体现出古老图腾象征谱系的演变情况。

在黄河上游盛行过蛙蛇祭仪式：每年端午前夕，人们认为是蛙蛇出行之日，常常于河泉设香案表示祭祀。这一天，男女老幼有到河里洗身的习俗。其间，若男子遇蛙，女子遇蛇者，被视为吉兆。与蛇蛙祭相伴随的另一风俗是"野合"。此日，男人见到女人就说："掏出我的黑麻蛇，要咬你的癞蛤蟆。"这是两句暗语，黑麻蛇是指男根，癞蛤蟆是女具。"咬"暗示性交。这时，若女人点头不语，则可实施野合之要务。蛇蛙祭含有对蛙多子的崇拜意义。蛙腹圆大，与妇女之形态成类比；蛇体长而立，暗喻男人

---

① 参见叶舒宪：《神话意象》，北京大学出版社2007年版，第二章。

陆 蛙神信仰及神话源流

为强力者。西北人说："蛙栖月宫，蛇伴日室。"月为阴，日为阳。阴阳相合，则万物出。所以，蛙蛇祭象征着阴阳相合生万物的信仰。[①]

与此类民俗相应的民间叙事，有世代生活在甘肃的东乡族的蛙精故事。在历史上，随着"铸鼎象物"的图腾制度之沿革，图像叙事方面的蛙/蟾蜍女神传统仍然不绝如缕，只是其性别特色不再彰显。如商周青铜器上的平面蛙纹造型，包括蛙的写实造型和蛙的写意造型，后代南方民族神圣铜鼓上的立体蛙神造型，等等。与之对应的文字文本神蛙叙事也发生了根本的性别转化情况。

殷墟卣形青铜器提梁蛙纹（《殷周铜器纹饰》第226页）

蛙神信仰：蛙图腾与蛤蟆创世

父权制社会的意识形态以男性为中心和主体，史前的蛙女神到了后代父权制文明，性别面貌发生了改变，其原初的母神、生育神身份或者依稀保留，或者逐渐模糊化，而生命再生产的神性功能却依然留存下来，转化为死而复生的神话象征，或者祖先神/图腾神（蛙神铜鼓作为祖先象征），以及创世之时的初始性神圣生物。

先看第一种转变的情况。研究古希伯来神话的英国人类学家弗雷泽在《旧约民俗》第二章"人类的堕落"中引用了西非图格兰地方的一则死亡

---

① 武文：《东乡族蛙精故事探考》，载《民族文学研究》1994年第4期。

起源神话。

  从前有个时期，人们派一只狗去告诉神当他们死的时候他们要复活生命。那只狗带着信息出发上路了。半路上狗感到饥饿，就进了一间屋子，看到里面有个男人在煮魔药。狗就坐下来，自以为是地想，他在煮食物。与此同时，一只青蛙要到神那里去说："当人死的时候，他们宁肯不要复活生命。"没有人让青蛙传达那样的信息，那完全出于它自己的爱管闲事和鲁莽。不管怎么说，它做出了冒失的事。那只狗依然充满希望地坐在那里观看魔幻汤的烹制，看到那个男人匆忙走出门，自己仍然推想着："如果我有什么东西可以吃的话，我会很快赶上那只青蛙的。"然而，还是青蛙先到了。它对神说："当人死的时候，他们宁肯不要复活生命。"随后狗也赶到了，它对神说："当人们死的时候，他们希望重新复活生命。"神被二者的话闹糊涂了，就对狗说："我真是无法理解这两个信息。因为我先听的是青蛙的话，所以我就以此为准了。我不会按照你说的去做。"从此以后，人死就不能够再复活了。假如那只青蛙只管它自己的事，而不去乱管别人的闲事，那么直到今天的人，死了也会复活过来的。每当雨季开始雷声轰鸣的时候，就是青蛙复活生命之际。它们在撒哈拉吹来的热风呼啸的旱季中一直处于死亡状态，而当雨水降落，雷声响起，你便可以听到青蛙们在沼泽中大合唱的叫声。我们就这样看到，青蛙如何通过篡改信息给自己带来好的结果。它从人类那里剥夺了永生不死，使自己获得了这个福分。①

---

① J.G.Frazer, *Folklore in the Old Testament*, London: Micmilan, 1925, pp.24-25.

陆 蛙神信仰及神话源流

台湾民间艺术中的蛇图腾

在此类神话故事中,死亡的起源被归因于两位信使中一位的欺骗行为。神话讲述者认为:青蛙的误传消息,使本来属于人类的复生能力转移到它自己身上。这样的叙事情节间接地表明:青蛙是如何获得神性能力——成为生命自我复活之象征的。在其他文化的死亡起源神话中,取代西非神话中青蛙充当误传消息者角色的是蛇、蜥蜴等同样体现变形特色的动物。这类象征永生的动物在许多文化的民俗信仰中获得神性,或者成为介于人神之间的精灵。

接下来再看蛙神演变成图腾-祖先神的情况。我们在讨论史前彩陶纹饰符号时已经熟悉了蛙人形象,其背后的神话基础就是以蛙为人的信念。这个信念里透露着远古图腾崇拜的信息。青蛙图腾在世界许多地方的图腾信仰中并不陌生。比如,我国台湾赛夏人有一则神话说:古时候有一个名叫SAIVALA的人在河边钓鱼,一直未获。正觉疑惑之际,突然有物上钩,结果一看是只青蛙。他不耐烦地将青蛙丢下,但蛙却化身为人。他深感讶异,遂将此人带回家去抚养长大。其后成为Taputaberasu家的祖先。[①]神话之所以要把蛙和人看成同类,主要有外形上的相似和声音上与人类婴儿

---

① 尹建中编:《台湾山胞各族传统神话故事与传说文献编纂研究》,台湾大学文学院人类学系印行,1994年版,第282页。

的酷似。至今我国西北方言中普遍把小孩叫作"娃",其字形结构和发音都和"蛙"极为相近,耐人寻味。

生活在云南和缅甸一带的刀耕火种民族——佤族的猎头起源神话说:

> 他们的祖先是叫作杨涛木和杨黛的夫妇。这对夫妇本来是蝌蚪,但后来变成了青蛙和妖怪,深居于洞窟之中。为了求食,他们经常从洞中出来到处捕捉鹿、猪和山羊一类动物。一天,夫妇俩远出到人们居住的村子里捕食了一个人,而且还把头盖骨带回了洞窟。
>
> 本来,这对夫妇一直没有小孩,但是自从杀人以后,生了许多孩子,这些孩子都具有人的形象。于是,他们二人把那个头盖骨放在柱子上,以示敬奉。当他们感到自己的死期迫近的时候,把子孙们都集合起来,说明了他们二人的起源,并留下遗言要子孙们为他们供献人头。从此以后,佤族忠实地执行祖先的遗言。直到近代,还盛行着猎头的习俗。

佤族人每年重复的猎头习俗是在春季农耕开始时节。猎取的人头象征着农作物的丰收。被砍下的人头要小心翼翼地安放在圣地鼓屋里。在很多地方,鼓屋里横放着用木头做的大小成双的鼓,这就是神话中始祖夫妇的体现。佤族的猎头习俗表明这样一种神话观念:死和杀害乃是生的前提。为了祈求作物的丰收,杀生是不可缺少的;死者尤其是祖先在他们的世界观念中起了很大的作用,甚至规定他们的行动。[①]

值得注意的是,这个神话确认了人类始祖夫妇为蝌蚪/青蛙,也就是说人来源于这种水生的小动物,多少透露着蛙图腾的信仰消息。始祖猎头的功绩能够保证生育后代,这是将谷穗被收割后仍然可以用来播种的农耕经

---

① 大林太良:《神话学入门》,林相泰、贾福水译,中国民间文艺出版社1989年版,第94—95页。

蛙-蝌蚪纹彩陶盆（马家窑文化）

克里特岛米诺斯文明出土的蛙纹陶壶，距今四千年（引自金芭塔丝《女神的语言》中译本，第306页）

西汉四蛙骑兽铜镇（国家一级文物，2016年摄于张家川县博物馆）

验直接类比到人类生命再生产现象的结果。佤族纪念蛙祖先的象征物为神圣鼓屋里的木鼓，这自然让我们想到西南少数民族惯用的铜鼓，鼓面上常见到多只青蛙的造型。莫非其也是类似图腾记忆的表征？

屈原的《天问》曾经问及一种月亮神话观念：月中为何有"顾菟"？旧注家认为顾菟是兔子，而现代学者多采用闻一多的观点，解释为蟾蜍。闻一多的弟子孙作云在《天问研究》中发挥此说，认为月亮与蟾蜍的联系在于图腾信仰："我国原始社会末期，氏族社会时代，在山东有以蟾蜍（癞蛤蟆）为图腾的氏族，后来因为从事农业，而农业又与天象有关，因此，除原有的蟾蜍图腾外，又以月亮为'联合图腾'。从图腾信仰的发展上讲，蟾蜍在前，月亮在后；随着农业生产在人类生活中占据主要地位，遂以月亮为主，蟾蜍为副，这就是为什么月中有蟾蜍的原因。"[①]这种套用图腾理论解说月中蟾蜍观念的做法，在图腾说流行一时的当年看来很有道理，今天看来则难免有臆断之嫌，至少持此观点的人未能看到月中蟾蜍神话跨文化的普遍性，也未能把握月与蛙在神话思维中的象征类比关系。

神话思维中蛙与人的类比认同，出自石器时代以来的深厚信仰传统。荣格还提出他的见解说，在解剖学特征方面，蛙在所有的冷血动物中是最像人的一种。正因为如此，蛙可以代表进化的最高阶段。中世纪民间传说中常常有王子变形为青蛙的母题。

在我国的民间传说里，蛙/蟾蜍可以和创世大神女娲相联系。例如：

> 在黄河上游广泛流传着蛙神话，母题是创世与造人。其中一些还与女娲大神相联系，或成为女娲神话的变异。最典型的一则说：昔传，伏羲和女娲结婚三年，一日女娲对伏羲说："蛙吐泡了，洪水将临。"不久，女娲生肉团于水中，取名"蛙人"。在

[①] 孙作云：《天问研究》，中华书局1989年版，第124—125页。

陆 蛙神信仰及神话源流

四川彭山东汉墓出土的蛙人陶插座（南京博物院）

这则神话中，娲与蛙表现为一种同构的意义。蛙不仅是"娲"的隐喻，而且是娲性具的象征。甘肃农谚"蛙吐泡，大雨到"，实际上包含着蛙的神话属性和自然属性双重含义。

在基诺族创世母亲神话里，蟾蜍/癞蛤蟆充当着宇宙始基的作用。

古时天地茫茫，一片汪洋，水面上只露出蚂蚁堆大小的星星点点的土地。这时世界上只有巨人阿摸母亲一人存在。母亲在天水之间活动时，远远看见水中有一个两眼发光的庞然大物——大癞蛤蟆。母亲向这庞然大物走去，临近时它竟突然张开大口，欲将母亲吞下。她急中生智，乘势跳进它的口内，并用双手撑、两脚蹬，把癞蛤蟆的大口撑住，它的口被母亲越撑越大，庞大的肚子也随之越胀越大，待其口和腹大到极限时，砰然一声巨响，癞蛤蟆爆裂开来，其肢体便飘落四方。它的一只眼珠飘向空中变为太阳，另一只眼珠落在水中，被母亲捞起用绳子拴挂在天上变成

179

河西走廊——西部神话与华夏源流

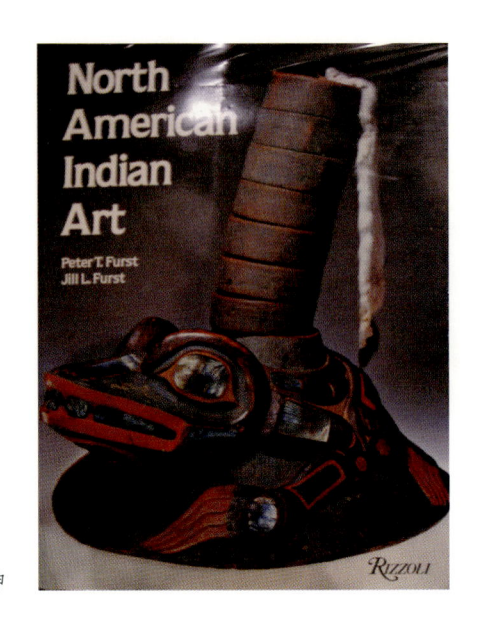

北美印第安青蛙女神

月亮（它因为落在水中所以不如太阳热和亮）。癞蛤蟆爆裂后，母亲把落在水中的细小物体集拢在一起拼凑成大地，把飘在空中的散裂物并在一起就成了天。为了维持天地之间的规整，母亲用癞蛤蟆身上的九根骨骼顶在天地之间，又用它身上的九根筋作绳拴在天地之间。母亲在造地时所挥的汗，竟变成了雨。接着母亲用身上的污垢造动物，首先造的是野牛，其次是造人，各种动物相继造出。[1]

基诺族虽然人口极少，但是其神话叙事却显示出非常古老的信息：宇宙万物的由来都要追溯到一种原初的生物——蛤蟆。这样的信念可以帮助我们理解藏族、纳西族"青蛙宇宙图"的原始构思要素。

除了以上几类神话，蛙女神崇拜还在诸多族群记忆之中保留着五花八门的印记。尤其是在曾经拥有世界上最丰富灿烂蛙纹彩陶的黄河上游地

---

[1] 何耀华、詹承绪、杜玉亭主编：《中国各民族原始宗教资料集成：彝族卷·白族卷·基诺族卷》，中国社会科学出版社1996年版，第879页。

陆 蛙神信仰及神话源流

模拟汉画像的伏羲女娲交尾图(2006年摄于兰州黄河公园)

区。这里略举数例,以观其变化情况。

案例一:在甘肃民间流传的伏羲女娲神话,分别将男女主人公与太阳、月亮相互认同。而月女神女娲的核心象征动物则是一只玉蛤蟆!

> 大洪水过后,伏羲和女娲结了婚,繁衍了人类。可是他们的子孙见不到光明,日子照样很艰难。一天,从天上飞来一只金鸟,从河里走来了一只玉蛤蟆,它们叫伏羲、女娲各自骑在它们的背上。想不到伏羲一跨上金鸟,女娲一跨上玉蛤蟆,都腾空飞起来了。到了天空,伏羲便化为一轮金太阳,女娲便化为一轮玉月亮,他们不停地飞,不停地跳。于是有了白天和黑夜,子孙们既看见了光明,也有了温暖。[①]

案例二:世代生活在陇原大地的裕固族(上古时期称为"鬼方")创

---

① 武文:《甘肃民间文学概论》,甘肃人民出版社1996年版,第5页。

181

民俗布艺蟾蜍（中央美术学院藏）　　兰州秦陇古玩城的陶蛙　　　　　　伏兆娥剪纸——蛙

世古歌《沙特》。

  金癞蛤蟆身上长着八十八根柱子支撑着天地。月亮公主和太阳王子婚配繁衍了人类。[①]

  这个细节使人联想到马家窑陶罐上特有的模仿癞蛤蟆身上耸起疙瘩的造型，猜测其是否隐喻着初民关于天柱的神幻想象。与上述裕固族神话相似的是，蛤蟆形象隐约地透露出与创世主神的关联：既然它是天地开辟之初就已经先于宇宙秩序而存在的原初动物神，那显然不属于创世以后造出的凡间动物系统，具有宇宙发生论上的生命本源之象征性。模拟"太初有道"的哲理表达方式，可以称为"太初有蛙"或"太初有蛤蟆"。此裕固族神话想象将癞蛤蟆这种神秘动物与最贵重的物质"金"相联系，显然还没有将远古的女神化身形象妖魔化。

---

① 武文：《裕固族文学研究》，甘肃人民出版社1998年版，第2页。

陆 蛙神信仰及神话源流

印第安蛙纹装饰　　　　　　　　当代艺术中的飞蛙形象

下面一个来自中原的例子恰好相反，给我们呈现一个被扭曲为反面角色的蛤蟆精形象。

案例三：河南西华县文联收集整理的民间故事《大禹转世》。

> 大禹原是天上管下雨的王，啥时下雨，下多大，都得按雨簿下，不能胡下。有一次下雨王指挥下雨劳累了，在南天门外睡了一觉，不料被癞蛤蟆精偷改了雨簿，造成凡间连年水灾。①

癞蛤蟆精被认为是招来水灾的祸首，这种民间故事虽然将癞蛤蟆丑化为反面形象，但也许能够促进将青蛙从再生神转向雨神。

这些出自民间的蛤蟆或蟾蜍形象各式各样，它们传达出先民的何种意识呢？跨文化的同类材料可以提供解答的线索。比较神话学研究表明，神话的角色不仅经常变化身份和职能，而且还会变化成各种不同的动物形

---
① 《周口神话故事》编辑委员会编：《周口神话故事》，学苑出版社2006年版，第97—98页。

蛙神铜镶玉璧（私人藏品）　　马家窑文化蛙人神彩陶壶（2007年摄于甘肃省博物馆）

象。俄罗斯民间故事中的芭芭雅嘎（Baba Yaga）女神就是如此。她在古斯拉夫宗教中的原初身份是死亡女神和繁育女神，但后来则有了双重的身份和特征。

芭芭雅嘎住在森林深处黑暗无光远离人世的地方。民间故事对她的描述不一：有说她是一个邪恶的吃人的老巫婆，尤其爱吃小孩；也有说她是一位有智慧的女预言家。她身材高大、瘦骨嶙峋、杵形脑袋、鼻子细长、头发蓬乱。鸟是她的主要动物形象，但是她可以瞬间变成一只青蛙、蟾蜍、乌龟、老鼠、螃蟹、雌狐、蜜蜂、母马、山羊或是其他无生命的物体。①

现代民间信仰中死与生育女神的变形叙事，能否回溯到历史时间的深处去呢？考古的实物及图像叙事可以解答这个难题。20世纪早期，埃及学家马格瑞特·穆瑞（Margaret Murray）提出一种假说：鲍珀女神是从埃及经过克里特岛和希腊而到欧洲的。然而，在阿纳托利亚地区，早自公元前7000年就出现了暴露女阴的蛙女形象，足以证明鲍珀女神的起源要早于古埃及人的记载。金芭塔丝评价说：穆瑞生前未曾接触到新石器时代的蛙女形象，所以她只能通过神话、工艺品和其他从埃及或近

---

① M.Gimbutas, *The Living Goddesses*, Berkeley: University of California Press, 1999, p.207.

陆 蛙神信仰及神话源流

东地区传来的新奇事物来建立自己的观点。现在的考古证据大量积累，蛙人类的表现模式有可能上溯至旧石器时代末期，因为早在马格达林时期的骨雕上就出现了蛙女形象。语言学方面提供的证据也有利于鲍珀女神的欧洲地方起源说。有些欧洲的语言用"鲍（Bau）或"珀"（bo）的词根来命名蟾蜍、女巫或蘑菇。在立陶宛语中，baubas和bauba指称可怕的女巫或妖怪。我相信这些语词反映了死亡与再生女神尚未被妖魔化以前所用的名字。在法国，bo（在Haut Saone）、botet（在Loire）和bot都意指蟾蜍[1]。

这样的打通式眼光帮助我们超越学科专业的局限，借助广阔地域中新出土的考古实物和大量图像资料，反观语源词根中潜藏的神话信息，透视前人无法洞悉的蛙神信仰传承的整体情况。新的实物和图像资料不仅有用各种材料制作的蛙女、蛙人偶像，还有建造成为巨大蛙形的神庙图片，这有效地帮助今人体会男性主神统御的文明社会教堂出现之前，初民在什么样的人造神圣空间里崇奉他们心目中的青蛙/蟾蜍女神。评述至此，我们可以进一步发问的是：对照我国仰韶彩陶上常见的鱼纹、人面鱼一类形象，马家窑彩陶上常见的蛙纹、蛙人纹，如下一种发生学的理性解说是否也能奏效呢？

> 鱼和蛙对于再生象征的重要意义来源于它们水栖的环境。它们的栖息地比得上子宫羊膜液体这一含水很多的再生得以发生的器官。蛙和蟾蜍在每年春天的定期出现，以及它们与人类胎儿的极度相似都进一步强化了它们与再生的联系。[2]

在"蛙"与"娲"之间、"蛙"与"娃"之间的语源学联系已经逐渐

---

[1] M.Gimbutas, *The Living Goddesses*, Berkeley:University of California Press,1999,p.29.

[2] M.Gimbutas, *The Living Goddesses*, Berkeley:University of California Press,1999,p.27.

明朗的条件下，对上述问题的回答也就为期不远了。透过古今中外各种现象和素材的归纳，能够清晰地看到蛙神信仰底蕴透露出人类神话思维的普遍性法则。

蛙文化传播带：从西北到西南

考察河西走廊东端的史前文化分布格局，不可避免地涉及其与长江流域及南方文化的关系问题。仅就蛙神信仰和神话遗留的情况看，西北地区以史前的彩陶图像叙事最为丰富，而西南少数民族方面则以留存至今的活态的信仰和仪式礼俗而著称。其中以纳西族的蛙神铜鼓的礼俗和壮族的蚂䗘节最为著名。而自西北到西南的文化联系中介，考虑到彝族、纳西族与藏族的亲缘性，可以从古羌人的文化传播得到合理解释。早自夏、商、周之际，河湟地区就同川北地区有密切联系。在陇南的成县、文县一带出土的陶器中有一种称为"眼睛罐"或"羊头罐"的灰陶罐，和川北地区出土的一样。而齐家文化在陇南地区的扩张，也自然波及陕西南部和四川北部。还有出土的三星堆文化的证物——石雕蛤蟆，以及金沙遗址出土的八个金蛙形象，都表明与甘肃南部接壤的川北地区是古今羌人活跃的地域，理所当然地成为西北与西南的文化传播与交流之桥梁。

正如马家窑文化、齐家文化、辛店文化的主人都是古羌人，三星堆文化的族属问题也与古羌人有相当的联系。如一号、二号祭祀坑出土的青铜人物雕像在服式上体现出文化的多样性，有左衽长袍、对襟长袍、右衽长袖短衣等。其中的左衽服式，是今天藏族、蒙古族的特征。在发式上，也有椎结、辫发、光头等区别。这些青铜人物雕像群明显地表现出不同族群的特色。若要求证史书，则非夷狄或氐羌莫属。《汉书·匈奴传赞》："夷狄之人，贪而好利，被发左衽，人面兽心。"这是从华夏立场判别异

陆 蛙神信仰及神话源流

三星堆出土的石蛙（2009年摄于三星堆博物馆）　　金沙遗址出土的金箔神蛙（2011年摄于金沙遗址博物馆）

己民族的基本标准。孔子时代所谓"被发左衽"，本来是不同的穿戴习俗，却被夸大为品性上和生物性上的低劣。今日人类学称这种偏见为"我族中心主义"。《尚书·武成》孔安国传云："冕服采章曰华，大国曰夏。"《尚书》正义引孔颖达疏云："冕服采章对被发左衽……华夏，谓中国也。"左衽既然是非"中国"的异族服式，三星堆文化的主体中有氐羌族群的成分，也就可据此得知。

陈健文博士的论文《先秦至两汉胡人意象的形成与变迁》第三章"从戎狄到胡人的北疆异己图像"第三节"东周时期的戎狄图像"中有"左衽、窄袖、著裤造型"小节，所依据的材料以文献记载为主。如果考虑到文献中根本不曾留下记载的三星堆遗址的情况，那么东周时期汉语文献中出现的对"被发左衽"的文化歧视，应该至少上溯到商周时代。

三星堆还出土了一种青铜铸造的羊头龙形象，这是否和齐家文化、四坝文化、辛店文化的羊头、羊角崇拜符号有关呢？三星堆考古所见发达的玉礼器传统，如果从地域的相关性看，其与齐家文化极为发达的玉器生产传统关联的可能性不能排除。土族学者马光星等指出：羌人崇拜公羊，湟源、湟中一带的传统社火表演中，有一位反穿羊皮袄，戴羊皮面具的角色，面具显得很原始。而三星堆出土的龙柱形器，下颌有山羊胡子一小

三星堆出土的青铜羊头龙（2009年摄于三星堆博物馆）

辛店M243出土的羊角纹陶器（引自《民和核桃庄》）

四坝文化羊头把手彩陶方杯（2007年摄于甘肃省博物馆）

陆 蛙神信仰及神话源流

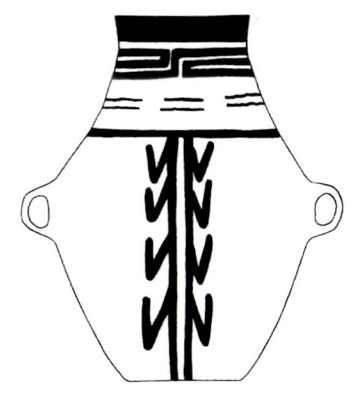

辛店M312出土的蛙纹陶瓮（引自《民和核桃庄》）

南美的青蛙木偶

青海出土的蛙人神彩陶壶（马家窑文化马厂类型，2014年摄于青海考古所文物库房）

撮。总观全像，是一条长着羊头的神龙。[1]四川考古学者林向认为，"这正是兴于西羌的夏禹的亲族——蜀王所有的羊头龙金权杖"[2]。

黄河上游的藏族和土族部落每年农历六月傩祭跳龙舞祭祀龙神时，所使用的面具有龙、蛇、蛤蟆几种神兽造型。2005年7月，笔者在临洮的马

---

[1] 马光星、赵清阳、徐秀福：《人神狂欢——黄河上游民间傩》，青海人民出版社2003年版，第95页。
[2] 林向：《巴蜀考古论集》，四川人民出版社2004年版，第111页。

189

河西走廊——西部神话与华夏源流

旋纹彩陶鼓（马家窑文化，2007年摄于甘肃省博物馆）

家窑文化研究会彩陶展上，看到一个马厂彩陶罐上有"蛙龙"形象。结合土族的龙、蛇、蛤蟆面具就不难明白：史前蛙龙形象来源于水陆两栖动物蛙和蛇的组合。

热贡土族在农历十一月举行"於菟"舞仪式，其中吴屯上下庄扮演蛤蟆形象，跳"蛤蟆"舞行禳灾纳吉之事，表明这些村子的人们保留着另一种图腾崇拜遗俗。跳"於菟"舞时，舞者描画的蛙形图案，也源于一种图腾崇拜。在青海大通县黄家寨乡黄西村流行的蛙舞（又称"四片瓦舞"），也具有祭祖虫王、乞愿丰年的傩祭特征。

蛙舞在社火中演出，四个男子头戴蓝布缠沿草帽，面部画上黄、白、绿几种不同颜色的青蛙形图案，两手各捏一片骆驼骨制作的瓦状片，边跳边模拟青蛙的扑跳动作，击打手中的驼骨瓦片，发出"呱呱"的蛙叫声。民间传说，当地庄稼曾遭虫害，当时出现很多青蛙消灭了蝗虫。人们为感念青蛙，同时也为了免遭虫害而跳起了蛙舞。这出舞蹈在演出时还唱"五

陆 蛙神信仰及神话源流

更调""十二月"等民间小调，民乐伴奏，载歌载舞。这显然是为了适应社火中大众欣赏心理的需要而加以补充和丰富的。但蛙舞的原始形态仍得以保留。

以蛙类动物作为崇拜对象的远古神话，见之于阿尔泰语系蒙古语族的诸民族。其中有关水生乌龟或者蛤蟆成为大地（宇宙山）背负者的神话显得非常古老。土族的一则神话叙述：一位天神想在茫茫海洋上面造就陆地，他看到一只蛤蟆浮在水面，往它身上丢下一把土，蛤蟆沉入水深处，土被水冲走了。天神于是张弓搭箭，一箭射穿了蛤蟆的躯体。蛤蟆痛得翻过身来，天神趁机又丢下一把土，蛤蟆将土紧紧抱住，阳世（地球）形成了。天神往蛤蟆的肚脐眼插上一根烧火棍，并告诫蛤蟆："你要丢掉阳世，除非烧火棍发了芽。"蛤蟆等得不耐烦了，扭动身躯看那烧火棍，于是就发生地震。土族的婚礼歌中唱述天地形成后，"四八三十并二天，内中空虚差一天"。于是，女娲娘娘"割下金蛤蟆的舌头，补了一座黄金天"[1]。

藏族及与藏族有族源关系的一些民族，也有不少以青蛙为崇拜内容的神话故事。"青蛙女婿"的故事在藏族中流传较广。其梗概是，一对老夫妻无子嗣，他们祈祷上天后，妻子生下了一只青蛙。青蛙能帮助父亲犁地，在赛马会上夺得第一。青蛙又凭借神奇的本领，解决了国王提出的难题，使国王的公主成为他的妻子。这一故事题材，亦成为藏族英雄史诗中格萨尔的原型之一。如《阿尼·格萨尔》流传于四川省平武县境内的白马藏族地区，与"青蛙女婿"的故事大同小异。今居住在滇西北高原的普米族讲述的《冲·格萨尔》，也属于"青蛙女婿"故事类型。[2]从文化分布上看，除了四川北部之外，白马藏人还居住在甘肃陇南一带。民族学者

---

[1] 马光星、赵清阳、徐秀福：《人神狂欢——黄河上游民间傩》，青海人民出版社2003年版，第150—151页。
[2] 马光星、赵清阳、徐秀福：《人神狂欢——黄河上游民间傩》，青海人民出版社2003年版，第152页。

多认为其先民即古文献所说的"氐"人。而普米族与远古时代氐羌族群也密切关联。五代至宋以后，羌人不断分化，白狼羌、岩昌羌等部族南迁，大致为今天普米族的先民。有了这样的动态视野，就可以在中国境内的两大民族文化走廊——河西走廊和藏彝（横断山）走廊之间找到沟通联系的纽带了。

西北的土族学者还发现，"云南楚雄一带的彝族，其先民多为羌人。他们于唐代迁徙至滇北，自称罗罗。此地女巫所击的单皮鼓，与现今青海黄南藏区民间舞蹈中所用的神鼓相似"[1]。云南彝族的单皮鼓和青海藏族的神鼓相似，还让人们联想到以蛙纹或蛙人纹为符号特色的马家窑彩陶器中本来就有乐器一类的陶鼓，那正是五千年前西北先民所用的神鼓。它们和西南民族沿用至今的蛙神铜鼓会不会有文化传承上的关联呢？

---

[1] 马光星、赵清阳、徐秀福：《人神狂欢——黄河上游民间傩》，青海人民出版社2003年版，第146页。

柒　齐家文化与玉器时代

玉器时代的"齐家古国"

齐家文化，以北洋政府所聘的瑞典矿政顾问安特生在甘肃广河县齐家坪考察后所提出的新石器时代文化而命名。几十年来，不断有新的齐家文化考古发现。截至20世纪末，在甘肃、青海两省发现的遗址累计达1100余处。[①]此一数字足以显示这种史前文化当年的繁盛和持久。根据在天水西山坪遗址出土木炭的树轮校正年代，齐家文化的始末时间约为公元前2140年至前1529年。这意味着，在黄河上游一带约五千年前的马家窑文化之后，出现了一个延续了约六百年的西北史前文化。其疆域广大，达数十万平方公里，包括河西走廊及其东部的大片地区。如果说齐家文化代表着一个我们尚不知道其名称的古国或古王朝，那么足以让今人吃惊的是这个齐家古

---

① 谢端琚：《甘青地区史前考古》，文物出版社2002年版，第113页。

广通河畔的齐家坪遗址外景（2014年摄于广河县）

国的文化生命接近六百年。

若用简单的类比法来表示，齐家古国的延续时间，超过了秦、汉、三国、西晋的历史总和，也超过了隋、唐、五代和北宋的历史总和，大体相当于元、明、清三代延续时间之总和。就因为没有文字记载，我们对这个史前古王朝的了解远远不及上述有史以来的任何一个朝代。换一种比较的视野，关于齐家文化，我们尚不知道的东西和已知的东西相比，完全不成比例。这一事实预示着未来极大的探索和研究空间。

根据已知考古材料判断，齐家文化的地域分布很像与北宋、辽金对峙的西夏王国：占据着甘肃、青海、宁夏境内的黄河上游及其支流地区，旁及陕西西北部、内蒙古西部的部分地方。所不同的是，西夏王国以宁夏银川（古称"兴庆"）为统治中心，而齐家古国的中心地带在甘肃河西走廊东部和青海东部一带。从2002年在青海省民和县喇家遗址新出土的复原长度达六十多厘米的大玉刀的情况看，那里很可能就是齐家古国在某一个时期的统治中心区。

安特生中国考古路线图

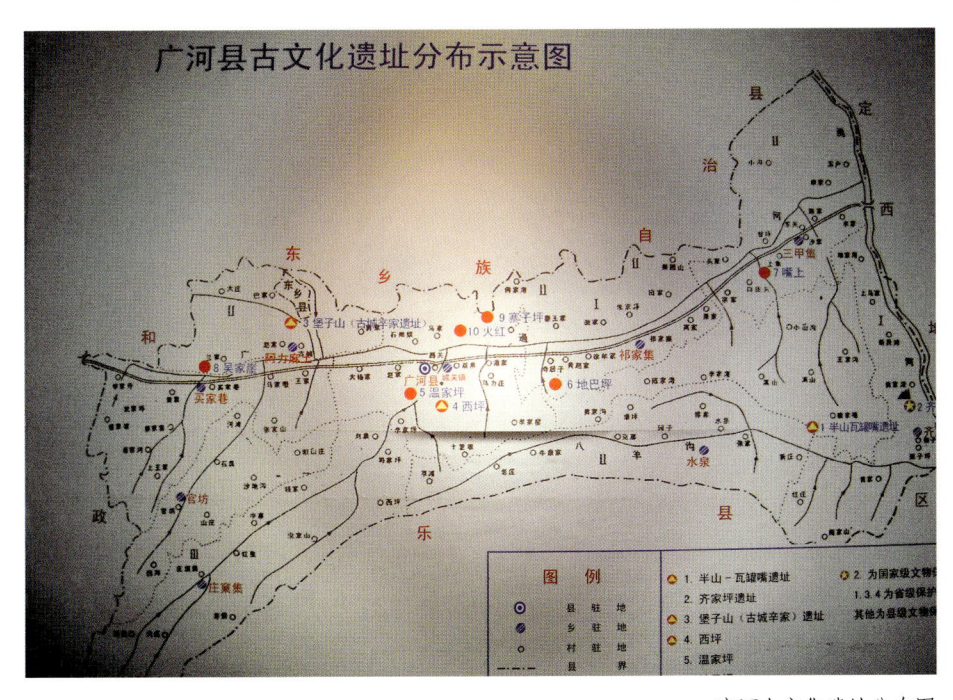

广河古文化遗址分布图

齐家古国留下的器物（2007年12月摄于广河齐家文化陈列馆）

齐家文化石器（2007年12月摄于广河齐家文化陈列馆）

齐家文化葫芦形陶器

柒 齐家文化与玉器时代

  2002年喇家遗址出土的这件大玉刀为长条形，已残半，残长32.8、宽16.6、厚仅0.4厘米，复原长度约66厘米，为三孔玉刀，孔径2厘米，是目前已知最大的玉刀。系淡绿色含白色斑块纹理的布丁石玉质，用整块大玉料切割磨制而成，制作规整、精致。这个出土玉刀的位置，砂层清理后证明是土台祭坛的东南边缘部分，砂层是沉积在遗址上的灾难遗存的沉积物，是喇家遗址最后的齐家文化地层。齐家文化的多孔玉刀已经发现几件。它并不是普通的玉器，而是礼器中的"王者之器"。喇家遗址可能就是"王者之地"。[①]

  大体而言，齐家文化是仰韶文化结束之后，华夏大地上足以同中原龙山文化形成东西对峙的强大王国。持续近六个世纪的齐家文化，其主要特征体现在三类器物上：一是特色鲜明的陶器体系；二是率先于中原而掌握了冶金技术，开始使用铜器——从红铜到青铜；三是有自成一体的玉文化体系，出现了大批玉制工具、礼器和葬器，其内蕴的含义之深奥，使用的玉石材料品种之丰富多样，琢磨工艺之粗犷大气，都令人叹为观止，实为西北史前文化末期最辉煌耀眼的成就之一。

  从社会特征看，齐家文化出现了由神玉观念支配的巫师王迹象。所谓神玉观念，是把玉神圣化、神话化的结果，即许慎《说文解字》所说"巫以玉事神"的礼仪活动之核心观念。此外，占卜和巫术、男性中心的父权制等，也都在齐家文化遗址得到突出的体现。尤其是一男多女的合葬墓，表现出由男性主宰社会的严重不平等现象，被学界称为残酷的"妻妾殉葬制"[②]。

  然而，不得不承认的是，我国学界迄今为止对齐家文化的探讨还很薄弱。之所以如此，是因为齐家文化和夏代文明一样，没有留下文字和历

[①] 蔡林海：《"王者之器"大玉刀》，载《中国文物报》2005年1月21日。
[②] 苏秉琦主编：《中国通史·第二卷·远古时代》，上海人民出版社1994年版，第461页。

甘肃积石山县新庄坪出土的齐家文化有领玉璧（2014年10月摄于临夏州博物馆文物库房）

齐家文化墨玉斧（2017年摄于玉门市博物馆"玉润丝路玉石文物展"）

史叙事，限于专业和资料范围，考古学以外的学者很难介入相关的学术讨论。而在数量有限的专业人士中，精研齐家文化的人也寥寥无几[1]。不过，近年来我国一个新兴的学术领域——玉学、玉文化研究的崛起，给齐家文化研究的拓展带来可喜的新途径。换句话说，在专业考古工作者以外，出现了一批对齐家文化抱有浓厚探索兴趣的人，那就是高古玉收藏者和玉文化研究者。这些人既没有什么考古专业的训练，多数也没有在西北的甘青地区生活过。他们或许是不在文博单位工作的文博专家，但是手里有齐家文化遗留下来的实物——玉器，并希望从这些无言的实物之中解读那段失落的历史。

21世纪以来，先后有多部齐家玉器的彩印图册问世。如彭燕凝、仁厚编著的《齐家古玉》（天地出版社2005年版），岳龙山编著的《黄河文明瑰宝——齐家文化玉器》（中国书店出版社2006年版）等。对于这些非正式发掘的个人收藏物，我们的考古学界几乎不屑一顾。这就形成了

---

[1] 夏鼐：《齐家期墓葬的新发现及其年代的改订》，载《中国考古学报》1948年第三册；张忠培：《齐家文化研究》（上、下），载《考古学报》1987年第1—2期。

柒 齐家文化与玉器时代

一种平行对应的齐家文化探讨景观：一边是专业考古学的研究，以发掘出土材料为唯一的对象①；另一边是非专业收藏者的出版物，不讲究什么学术规范，自说自话，以个人藏品展示为主。收藏界的史前玉器图书，从红山文化玉器到齐家文化玉器，正在呈现扩散蔓延之势。出于古玉市场的暴利吸引，以及仿古玉生产的利益驱动，出现了一批自费出版的作者，他们除了向公众展示藏品，还模仿拍卖图册的模式，给自己的藏品定价。甚至对一些真伪莫辨的东西自报天价（少则几万元，多则上千万元），在业界产生了负面影响。这不能不引起重视。就目前出版的两种齐家玉器图册的情况看，至少在真伪鉴别上还不容乐观。最值得警惕的现象是，在甘肃一些地方（如临洮、康乐等）玉器厂批量生产的当代仿古齐家玉器，不仅充斥着各地的古玩市场，在市面上大量流通，而且也有不少被民间收藏者将其当成数千年前的齐家古玉收入自己的出版物中。还有些顶着收藏界、玉学界"专家"冠冕的人，以个人名义为这些古玉赝品写鉴定意见书或者推荐性的序言。这很容易误导没有古玉鉴别经验的一般读者和收藏爱好者，同时也给齐家玉器的研究带来负面影响，加大了专业考古学界与古玉收藏界之间的隔膜和对立。当前急需有专业水准的齐家玉器图册问世，使鉴别真伪的尺度有所明确，但又不宜将范围完全局限在正规的考古发掘品。因为发掘品数量毕竟十分有限，而非发掘品和传世玉器中也确实有真品存在。

由于齐家文化是继北方的红山文化、南方的良渚文化和石家河文化之后在西北兴盛起来的又一种重要的史前玉文化，其特殊的历史时段和空间位置分布，决定了它和华夏文明开端的密切关联，以及对夏、商、周三代玉文化的深远影响。学界提出我国存在一个特殊的"玉器时代"，这给齐家文化的历史定位带来有效的新坐标。不过，目前对玉器时代的探讨，虽然在考古学界、历史学界和玉学界均有热烈的讨论，但是大体以东北学

---

① 叶茂林：《再谈齐家文化玉器》，载《中国文物报》2006年5月10日。

兰州皇庙古玩集市上的大批仿齐家文化玉器（2007年12月摄于兰州）

兰州秦陇古玩城（2007年12月摄于兰州）

柒　齐家文化与玉器时代

齐家文化秦魏家男女合葬墓

齐家文化的墓葬以竖穴土坑墓为主，多呈长方形或圆角长方形。葬式有单人葬和合葬两种，单人葬以仰身直肢葬为主，合葬墓为成年男女合葬、成人和儿童合葬以及多人合葬，以成年男女二人合葬墓较为普遍。秦魏家发掘的男女合葬墓，男性仰身直肢，居右，女性位左，侧身屈肢，面向男性，既说明当时男子在社会上已居于统治地位，女子降至从属和被奴役地位。由此确证，齐家文化已进入父系氏族社会。

1959—1960年，中国科学院考古研究所甘肃工作队对秦魏家遗址先后进行了两次发掘，揭露面积1011平方米，发现墓葬138座，出土石、骨、陶、铜器和猪下颌骨1000多件。这是一处保存较好的齐家文化公共墓地。

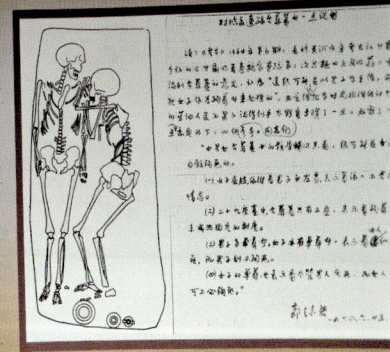

郭沫若同志对合葬墓的见解

甘肃永靖秦魏家齐家文化男女合葬墓及其说明（2014年7月第二次玉帛之路文化考察时摄于永靖县博物馆）

者的红山文化研究和江南学者的良渚文化研究为主体，甚至没有包括齐家玉文化在内。如林华东的《"玉器时代"管窥》[1]、牟永抗的《玉器时代说》[2]等，都是针对良渚玉文化而言的。云希正、牟永抗合编的《中国玉器全集·原始社会卷》（河北美术出版社1993年版），居然没有给齐家玉器留下相应的篇幅。该书关于齐家玉器的文字叙述仅有可怜的四行，而图片也仅有三幅，齐家玉礼器的代表性器形——玉璧、玉琮和玉刀等毫无踪影。这样的挂一漏万式的"全集"，不仅不能提供完整的玉文化知识，还会让有心的读者感到不可思议。这种研究和思考的偏向，就熟悉南方良渚文化玉器的学人来说，似乎无可厚非。但是从史前玉文化分布的全局看，可借用刘勰《文心雕龙》中的一句话来表示，就是"东向而望，不见西墙"。倒是学院派以外的个别民间收藏者更加关注齐家文化玉器对于玉器

---

[1] 林华东：《"玉器时代"管窥》，载《浙江社会科学》1996年第4期。
[2] 参见徐湖平主编：《东方文明之光——良渚文化发现六十周年纪念文集（1936—1996）》，海南国际新闻出版中心1996年版。

河西走廊——西部神话与华夏源流

甘肃临洮县李家坪出土的齐家文化
青黄色玉琮（2013年摄于定西博物馆）

河西走廊武威皇娘娘台出土的齐家文化
白玉璧（2007年摄于甘肃省博物馆）

时代的特殊意义。如诗人艾青之子艾丹根据自己的收藏品编写的以齐家玉器为主的图书《玉器时代》（中国青年出版社2006年版），突出展示各种玉礼器：璧、琮、圭、璋、笏、斧、凿、柄、瑗、璜、铲、钺、戚、戈、环、镯、锛、璇玑、箭镞、发箍、蝉形器、布谷鸟等，并试图勾勒出新石器时代晚期中国北方玉器文化遗址的分布图。不过该书展示的均为个人藏品，是否能够鉴别断代和具有学术含量，还有待于检验。

齐家文化自崛起到衰落，恰好处在中国史前玉器时代的终结期范围以内。大体说来，玉器时代的开端以新石器时代早期的兴隆洼文化为标志，其终结以铜器时代的到来和文明取代史前的分界为标志，延续了约四千五百年。齐家玉文化的时间定位就落在我国长达四千五百年的玉器时代的最后五六百年里。这也就是说，在我国现已发现的四大史前玉文化中，唯独齐家文化同上古史的三代文明最为接近。从时间上判断，齐家文化与夏代文化几乎同时同步，其间的关系非常值得探究。而从空间上判断，齐家文化的分布与夏和周的势力范围密切相连，甚至可以说是部分重合的。在夏、商、周三代文化中，只有来自东方或东北的殷商文化不可能与齐家文化发生重合、认同关系，而另外两个文化——夏文化和周文化，

柒 齐家文化与玉器时代

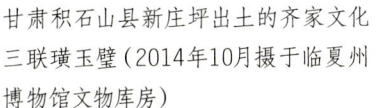

甘肃积石山县新庄坪出土的齐家文化三联璜玉璧（2014年10月摄于临夏州博物馆文物库房）

西周遗址出土的玉璜，与齐家文化玉璜别无二致（2016年1月第九次玉帛之路文化考察时摄于灵台县博物馆）

在来源上都和地处西北的甘肃东部地区有关，而且周人还自认为是夏人的后代。这给齐家文化的传播方向和后代遗留提示出大致的线索。

陕西扶风县召陈村遗址采集的玉璧[①]，被认定为西周玉器，现藏宝鸡市周原博物馆，从造型规格和工艺风格上，与齐家文化的玉璧并无二致，均以光素无纹为特色。这说明二者之间有明确的继承关系：要么是周人收藏的前代齐家玉璧，要么是周人依照齐家玉璧形制再造的西周玉璧。甘肃灵台县白草坡西周墓出土的玉璧和玉璜，同样是纯素风格的齐家玉器的再现。[②]陕西扶风与甘肃灵台两地相距不过一百公里，都是齐家文化兴盛时的边缘区。此地的西周人乃至更晚的后人[③]继承并延续齐家玉工的生产传统，当在情理之中。这如同今日的景德镇瓷器生产依然模仿清代的青花、粉彩等工艺风格一样。

---

① 古方主编：《中国出土玉器全集》（第14卷），科学出版社2005年版，第37页。
② 古方主编：《中国出土玉器全集》（第14卷），科学出版社2005年版，第60、61页。
③ 甘肃礼县大堡子山秦先公墓地出土的春秋时青白玉素琮，甘肃静宁县双岘乡尤村出土的战国玉璜，甘肃陇西县西河滩遗址出土的战国玉琮等，皆为周代以后延续的齐家玉器风格。见古方主编：《中国出土玉器全集》（第14卷），科学出版社2005年版，第77、82、83页。

玉璧、玉琮：齐家文化与良渚文化的对应

从分布范围着眼，齐家文化玉器存在的空间要比良渚玉器和红山玉器更广阔。甘肃、青海、宁夏，以及陕西西部的一些地方，都发现有齐家文化类型的玉器。在这四省区中，甘肃无疑是齐家玉器最集中的中心分布区。具体说来，西起河西走廊西段的玉门、嘉峪关，经过走廊中部的民乐、武威，东到天祝、永登、古浪、永靖、广河、东乡、榆中、临洮、临夏、静宁、康乐、平凉、陇西、定西、甘谷、渭源、会宁、秦安、庆阳、泾川、天水等数十个县区。其东西距离的长度达一千多公里，几乎覆盖了整个河西走廊到陇东的黄土高原区。这个和夏代同时期的史前文化所拥有的宏大势力范围，究竟和夏文化是怎样的关系呢？非常值得探讨。

1996年，故宫博物院的玉器专家杨伯达在考察了甘肃齐家玉器后写下《甘肃齐家玉文化初探——记鉴定全国一级文物时所见甘肃古玉》一文，惊叹齐家的玉琮、玉璧与良渚同类器物的相似性。

> 这先后两支南北玉文化在璧、琮两器上的联系绝非偶发事件，其中必有未被觉察或者说根本还未想到的历史联系，现今居然展现在我们眼前，这好像天方夜谭似的，但实物俱在，是不容忽视的。[①]

其实在考察史前文化方面，常会遇到这样出乎意料的"天方夜谭"场面。这说明我们被文字记载的历史局限得日久，对于没有记载的事物完全缺乏想象力。笔者在青海柳湾彩陶博物馆考察时就看到令人百思不得其解的一幕：一个陈列橱窗里摆放着一些马厂墓地出土的贝壳，其说明是产自

---

① 杨伯达：《巫玉之光——中国史前玉文化论考》，上海古籍出版社2005年版，第177页。

柒　齐家文化与玉器时代

静宁县出土的齐家文化玉璧，以器形硕大而著称的"静宁七宝之一"（2013年3月摄于静宁博物馆）

静宁县出土的齐家文化玉琮，以器形硕大而著称的"静宁七宝之二"（2013年3月摄于静宁博物馆）

印度洋的特殊贝类。四千多年前的河湟地区先民如何得到出自印度洋的东西呢？答案只有一个，就是史前文化的远距离迁移和多向交流情况，如今已经难以想象了。无独有偶，河西走廊的史前考古成果中也有："东灰山遗址出土的贝壳，经兰州大学唐迎秋鉴定，其中，闪蚬的产地为辽宁、陕西、湖北、湖南、广东、贵州；环纹货币的产地为台湾、海南岛、西沙群岛。表明当时贸易的存在。"[1]

如果这样的鉴定准确无误，那就意味着在齐家文化时代，河西走廊地区的文化与大陆的东北方和东南方文化都有交往。不然的话，产于辽宁的闪蚬和产于海南、西沙的海贝怎么能够出现在万里之外的河西黄土高原腹地呢？而反过来说，一旦上述物证足以证明河西走廊在史前期就与中原地区乃至沿海地区保持着某种文化交流，那么相隔千山万水的良渚玉器和齐家玉器的惊人相似之谜不也就有理由得到冰释了吗？

在良渚玉器和齐家玉器的相似性之外，还有一个同样神秘的古老文化或

---

[1] 甘肃省文物考古研究所、吉林大学北方考古研究室编著：《民乐东灰山考古——四坝文化墓地的揭示与研究》，科学出版社1998年版，第141、186页。

河西走廊——西部神话与华夏源流

齐家文化贝币（广河齐家文化陈列馆）

康乐出土的齐家文化鸭形陶器（2006年摄于临夏博物馆）

许充当着二者之间的传播中介，那就是山西襄汾的陶寺遗址。从地理方面判断，与江浙良渚文化区的距离，晋南的黄河中游地区相比甘青的黄河上游地区，自然要接近许多。与齐家玉器相比，陶寺墓地出土的玉璧、玉琮的形制也更加接近良渚的式样。而从年代上看，陶寺遗址的龙山文化距今四千三百年，稍晚于良渚文化，早于齐家文化，也早于被学界认定为夏文化的河南偃师二里头文化。所以在没有新的出土线索出现的前提下，判断良渚玉礼器体系影响或者移植到齐家文化的玉礼器较可靠的中介者，就是陶寺出土的玉礼器。做出这个判断的有力旁证是：晋南、关中和甘青地区一样，是远古氐羌人活跃的区域。而自马家窑文化到齐家文化的族属问题，已经大致被考古学

柒　齐家文化与玉器时代

作者2007年11月在陶寺遗址调研时听乡长述说发掘情况

界认可为古羌人。玉学界的杨伯达先生在划分中国史前玉文化八大板块时，干脆称齐家文化的玉器传统为"齐家玉文化氐羌亚板块"[①]。

的确，关于没有文字记载的历史情景，我们所知道的比我们所不知道的，不知要相差多少倍。在这片神秘的天空之下，再大胆的想象也会有充分驰骋的余地吧。重要的是在得出学术结论之前，采用何种有效的方式来验证和修正由想象支撑起来的假设。

夏文化寻源：冶金的东向传播

夏代的特殊性在于，其所处的公元前21世纪至前17世纪是我国自玉器时代向铜器时代转化的阶段，学界又称铜石并用时代。齐家文化所处的同

---

① 杨伯达：《巫玉之光——中国史前玉文化论考》，上海古籍出版社2005年版，第81页。

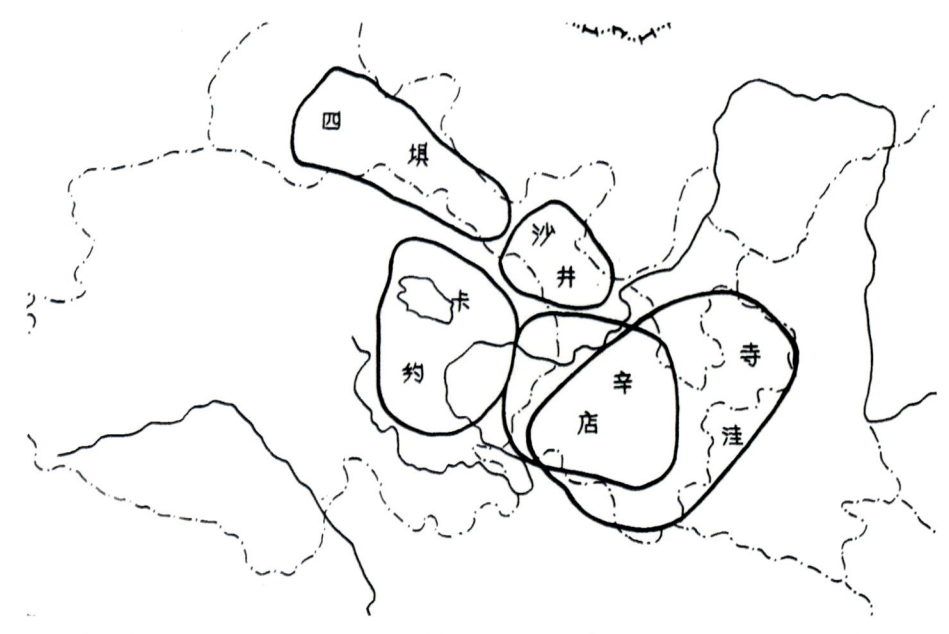

青铜时代西北羌系部落(引自石兴邦《中国文化与文明发展和形成史的考古学探讨》)

样是公元前22世纪至前17世纪,情况当然也是如此。历史传说中的夏文化和考古学命名的齐家文化,如果不能贸然看成同一个文化的话,究竟是哪一个率先进入铜器时代呢?现有的出土材料表明,正是河西走廊的齐家文化及其近亲——四坝文化充当了自西部向中原输送、传播铜器文化的历史中介角色。

东灰山四坝文化遗址位于甘肃省民乐县,地处河西走廊腹地的祁连山脚下,夏代的四坝文化居民在此留下了居址和墓地。据1987年大规模发掘的资料,可知该文化和齐家文化一样进入了阶级社会,有明显的贫富差别,陪葬品多者19件,有80座墓葬无陪葬品,约占墓葬总数的32%[①]。该遗址出土铜器16件,其中的15件经北京科技大学冶金史研究室进行了原子吸收光谱定量分析,表明大多数均为铜砷二元合金制品,且半数铜器在热锻之后又经冷锻加工。铜砷二元合金与锻造加工是东灰山四坝文化铜器的鲜

[①] 甘肃省文物考古研究所、吉林大学北方考古研究室编著:《民乐东灰山考古——四坝文化墓地的揭示与研究》,科学出版社1998年版,第4页。

柒　齐家文化与玉器时代

明特征，从而区别于其他文化和地点的中国早期铜器。[①]

在中国冶铜起源研究中，一个富有争议的难题是，是否存在从红铜到青铜的发展过程？目前所知中国最早的铜器是1977年甘肃东乡出土的1件五千年以前的马家窑文化青铜刀，以及数件冶炼遗留下的铜块。随后甘肃境内也出土有3件马厂文化铜器。齐家文化提供了史前最丰富的铜器实物。迄今记录在册的齐家古国出土铜器达130余件。甘肃武威皇娘娘台、永靖大何庄和岷县杏林的齐家文化早期遗址出土了红铜器物，而永靖秦魏家、广河祁家坪、青海西宁沈那、贵南尕马台等齐家中晚期遗址出土的铜器则以青铜为主，或杂有少量红铜。这大致显示出齐家文化先民学习掌握冶铜技术的渐进过程。从冶金技术发展的历史线索看，距今五千年前后西亚、南欧和北非较普遍存在砷铜制品。学界认为在青铜时代之前存在一个使用砷铜的过渡时段，因为砷铜是由红铜到青铜的过渡环节。如果不考虑东乡出土的马家窑文化青铜刀的特例，民乐东灰山出土铜器多为砷铜的事实表明，我国最早的合金铜生产始于河西走廊。我国冶铜业从砷铜、红铜到青铜的演变过程也最初发生在西北地区的齐家文化和四坝文化。若是这一重要文化成就向东传播，对于催生中原地区铜器时代的到来有显著的作用。二里头文化的青铜器铸造技术，从年代上看，晚于西北地区自马家窑文化以来的冶铜传统近千年以上。

东灰山遗址发掘报告称："民乐东灰山遗址地处中西交通的咽喉地带——河西走廊，该遗址出土的砷铜制品，含砷量在2%—6%，全部为锻造加工制成，这与西亚及南欧、北非地区的早期砷铜制品相同。四坝文化制铜技术的出现，是否与这些地区有关？值得注意。"[②]这就明确揭示出：河西的冶金技术发生不能孤立地看成是中国西北先民的独立发明，毋宁看作

[①] 甘肃省文物考古研究所、吉林大学北方考古研究室编著：《民乐东灰山考古——四坝文化墓地的揭示与研究》，科学出版社1998年版，第139页。
[②] 甘肃省文物考古研究所、吉林大学北方考古研究室编著：《民乐东灰山考古——四坝文化墓地的揭示与研究》，科学出版社1998年版，第140页。

中国最早的青铜器：甘肃东乡县出土的马家窑文化铜刀（2011年摄于国家博物馆）

甘肃出土的齐家文化铜刀（2007年摄于甘肃省博物馆）

首先发明于西亚的冶铜技术，经过中亚、新疆向东传播的结果。因为世界上最早的铜器约九千年前出现在土耳其，约六千年前在中亚和西伯利亚地区传播。中国的冶金史之所以不是在中原地区而是在甘肃率先揭开序幕，原因就在于河西走廊在地理上更接近西亚、中亚的冶铜文化。而史前的玉石之路以新疆和田为中轴，西通土耳其，东连中原地区，不是恰好充当了东西方文化交流互动的桥梁吗？

除了铜器之外，我国目前发现的较早的金银器生产，也没有出现在中原地区，恰恰又出现在河西走廊一带（如玉门火烧沟四坝文化遗址出土金银器）。这充分说明了河西走廊史前文化在传播西亚、中亚先进冶金技术方面所起到的中介作用。

其实在古汉语文献中，早就有从中原中心立场上对西部族群文化冶金发明的妖魔化叙事。那就是所谓蚩尤"冶西方之金以为兵"的神话。对于这位非华夏族的文化领袖蚩尤，汉语古籍中甚至还有着"铜头铁额""食沙石"一类的恐怖传说。[1]这显然属于中原人远古文化记忆之中透露出的真相线索。金属的发明是文化史上划时代的重要事件，后代的中原观点甚至把五行（水、火、木、金、土）中的"金"与西方这个方位相互认同，

---

[1] 参看《述异记》卷上、《汉学堂丛书》辑《龙鱼河图》等。

柒　齐家文化与玉器时代

嘉峪关出土的魏晋铜独角兽，它表明西方的神话动物进入河西

成为华夏传统关于西方想象的一个重要元素，并非出于偶然和随意，而是具有充分的文化根脉依据的。《太平御览》卷八三三引《尸子》："造冶者，蚩尤也。"这就是古人将发明冶金术的功绩归在蚩尤身上的明证。那么这位蚩尤究竟何许人也？古汉语文献一再声明：

蚩尤者，炎帝之后。（《遁甲开山图》）
蚩尤姜姓。（《路史·后记四》）
蚩尤出自羊水，……（《归藏》）

这都明确透露着蚩尤的族属与古羌人密切相关。甲骨文之中"姜"与"羌"为互换之字，而"羌"指西方牧羊人。这位率先利用冶金技术制造金属兵器的蚩尤，若不是来自西方的游牧文化给中原的定居农耕民族带来的巨大威胁与恐怖之神话象征，还能是什么呢？被设想为"铜头铁额"的

齐家文化权杖头（广河齐家文化陈列馆）

玉是永生的食物？齐家文化玉璧
（私人藏品）

姜戎集团，因为其游牧生活方式所决定的机动性和攻击性，加上率先拥有金属武器的可怕杀伤力，就这样给华夏先民神话想象留下了可怕的符号记忆①。如果不让代表华夏势力的最高首领黄帝彻底征服西来的强敌，全面消除恐惧心理，中原民族恐怕会国无宁日吧。这就是为什么会有黄帝"擒蚩尤"或"杀蚩尤"各种神话版本的根本原因。尽管近代以来不少学人希望从这个神话中找到并且还原历史的事件，但是后现代的知识、权力观和新历史主义的叙事话语分析足以启发今人，如何从战胜者话语背后的权力支配机制去解读此类中央帝国王权叙事的虚构性，并且从被"污名化"和

---

① 参见叶舒宪：《从神话、民俗看阿尔泰文化源流》，见《东方文化》（第一集），东南大学出版社1991年版；叶舒宪：《文学人类学探索》，广西师范大学出版社1998年版，第274—290页。

"丑化"的战败者一方仔细倾听"沉默的大多数"永远不能发出的声音。于是乎，蚩尤的"铜头铁额"说或许暗示着古羌人东传冶金术的功绩，而"食沙石"神话背后可能透露着齐家先民的一种信念和实践——以玉为象征永生的珍稀食物。

黄帝顺利征服异族顽敌的神话虽然应运而生，可是手执金属武器的西方凶悍之人的印象依然顽强地保留下来，那就是汉字中的"戎"字。这个字表示手拿金属大戈的人，所以其语义始终与征战杀伐相关。其中积淀着千百年来中原定居农民对来自西边的异族强敌的无意识恐惧。以至于后来又有"西戎""羌戎"等派生的称呼，总是不断地点明其文化来源和异己的族属特性。

农业考古的证据：小麦的东向传播

河西走廊的史前羌人不仅给中原输送昆山美玉和冶金技术，还很可能充当了麦子的输送者这一重要角色。套用今人比较熟悉的现代话语，可以称之为"西麦东输"。我们都知道今日中国是全球小麦产量第一的农业大国。可是很少有人了解，我们北方人多少代以来习以为常的主食麦子，其实原来并不是我们土产的国粹，而是从西亚传播过来的进口货。包括小麦种植技术在内的一整套农耕经验，中原人都是向来自西方的羌人那里学得的。去河南仰韶、西安半坡、宝鸡北首岭、秦安大地湾的史前文化遗址参观一下就立刻明白：我们史前祖先是根本不会种植小麦，也因此没有面食可吃的。那时代黄土地里所能够出产的粮食，几乎是小米的一统天下。以"兰州拉面"而著称于世的甘肃特色饮食，其实最早充当了丰富我国农作物品种的传送接力手，将起源于西亚又播迁到中亚、新疆一带的麦子生产一步一个脚印地送到中原。这主要是齐家文化和四坝文化先民的贡献。换言之，是古羌人领先一步学会了麦子的栽培技术，又从河西走廊将其输送到陇山以东的泾渭平原，逐渐推广扩散开来，最终使小麦成为中国北方首屈一指的农作物！

在古汉语的第一部字典《说文解字》里，籍贯为河南的许慎先生解释"来"这个字说：

> 周所受瑞麦来麰也。……天所来也，故为行来之来。

对于古代中原农耕民族来说，麦子被看成一种由天所来的食物。可见它不是本土的产物，正像通常把外来的马铃薯叫"洋芋"，把外来的火柴叫"洋火"，把外来的番茄叫"洋柿子"或"西红柿"一样。清代的朱骏声解释说："往来之来，其正字是麦；菽麦之麦，正字是来。三代以还，承用互易。"[①]在甲骨文中确实可见"麦"和"来"是同一个字的两种写法。《说文解字》透露的二字互相训释与通用现象，清楚地表明麦子来源于非华夏地区的事实。西周人从天上接受了"来麰"的神话，当出于发源陇东的周人与齐家文化先民在地理上和族属上的密切关系。

从农业考古角度看，揭开"麦"与"来"互训的奥秘之线索就潜伏于河西走廊的史前文化古层之中。兰州大学赵小刚教授撰文指出：周人与羌人有甥舅关系。姜姓邰部国是后稷的母舅之国。古汉语中的"来"和"麦"字发音源出自古羌语。今安多藏语把青稞麦叫"氖"（nai，上声），这就暗示出古羌语中潜藏着"来麦"的语源[②]。是活跃在河西的古羌人在东迁过程中把种麦经验带到了中原。

语源学和字源学的考察帮助今人明白了"西麦东输"的道理。剩下的问题是，当年中原华夏向氐羌人学会的种植麦子的技术是在何时先流行于

---

① 朱骏声：《说文通训定声》影印本，武汉市古籍书店1983年版，第193页。
② 赵小刚：《从〈说文解字〉看古羌族对华夏农业的贡献》，载《兰州大学学报》2001年第1期。

2017年8月第十三次玉帛之路文化考察时在敦煌三危山发现史前玉矿

河西走廊——西部神话与华夏源流

齐家文化鸮面陶罐（2007年12月摄于青海柳湾彩陶博物馆）

永靖县出土的齐家文化玉璧（2014年7月第二次玉帛之路文化考察时摄于永靖县博物馆）

西北地区的呢？无论是藏族还是珞巴族的青稞麦起源神话，都无法揭示出此问题的真相。而在河西民乐县东灰山遗址采集到的炭化麦粒，使得疑问得到冰释。东灰山的四坝文化不仅有小麦，还有大麦、黑麦籽粒、高粱籽粒、稷和粟的籽粒。一处遗址同时发现如此多的农作物，这在我国史前农业考古中属罕见特例。据发掘报告的意见："东灰山炭化小麦标本，经北京大学考古学系技术室中子加速器的14C（碳14测年——引者注）测定，树轮校正年代为公元前2280±250年。……是中国境内年代最早的小麦标本。种植农业出现在西亚，是公元前8000年—前6000年的无陶新石器时代，主要栽培植物是小麦、大麦。黄河流域则只是粟、黍种植农业的故乡。东灰山遗址的小麦较西亚的小麦要晚约6000—4000年。鉴于其特殊的地理位置，在缺乏更多的证据时，还不能认为东灰山的小麦为独立的驯化品种。"[1]这就意味着，羌人的麦子栽培经验很可能是从西亚、中亚传播而

---

[1] 甘肃省文物考古研究所、吉林大学北方考古研究室编著：《民乐东灰山考古——四坝文化墓地的揭示与研究》，科学出版社1998年版，第141页。

来的。河西羌人先民栽培麦子的证据出自公元前23世纪，早于夏代初始的纪年，也早于齐家文化。所以如果要追寻自东灰山发掘的小麦标本到西周人从上天获赐麦子的神话二者之间的文化传播底蕴，离开在时间和空间上介于二者之间、历时六百年的齐家古国，也许别无更好的研究对象了吧。

寻找夏文化源：以玉礼器为新证据

了解到史前冶金术东传和"西麦东输"的情况，再回过来考察齐家玉文化与夏代的关系，应当有新的思路和线索。

限于中原中心观的束缚，目前的考古学界把寻找夏代都城的希望局限在豫西二里头文化和登封王城岗一带，这难免有刻舟求剑的嫌疑。仅从那些地方出土的玉器来判断，就可以揭示出较有力的反面证据：无论是二里头一期文化还是王城岗一期文化，乃至禹州瓦店遗址，都没有发现成规模的玉器——玉礼器。这对于被假定的夏代王都来说，显然是难以想象的。因为夏代开国君王大禹早在传说时代就和玉礼器文化有不解之缘。如《墨子·非攻》说："禹亲把天之瑞信，以征有苗。"天之瑞信，就是代表神圣天意的瑞玉符信，当为某种信仰中被神化的玉礼器。再如所谓"禹会诸侯，执玉帛者万国"的说法，表明夏代一开始就以整合、继承、发扬

齐家文化玉圭（甘肃省博物馆）

丰富多彩的各地史前玉文化为突出特色。禹的儿子启，《山海经·海外西经》说他"右手操环，佩玉璜"。《左传·定公四年》也说到"夏后氏之璜"，可知夏代是礼玉和佩玉发达的时代。东周时人们对此还津津乐道。到了夏的晚期，王室用玉达到空前绝后的境地。如末代君王桀，《晏子春秋·谏下十八》说他修筑了"璇室玉门"。对此一事，新发现的战国楚竹书《容成氏》讲述的夏代史事有更加详细的记载。

> 禹有子五人，不以其子为后……[启]王天下十又六年〈世〉而桀作。桀不述其先王之道，……起师以伐岷山氏，取其两女琰、琬，妖北去其邦，昷为昷宫，築为璇室，饰为瑶台，立为玉门。其骄泰如是状。①

尽管这些用美玉修筑宫室楼台和玉门的传说过于夸张，毕竟表明先秦时代关于夏文化的记忆和玉联系在一起，以至于给后人留下强烈印象，多年以后依然能具体描绘出夏朝当年玉文化的盛况。以此为尺度来判断：任何没有成套玉礼器出土的文化遗址，都不足以充当夏朝的都城。按照这样的尺度，陶寺文化之后，商代纪年开始以前，在豫西、晋西南的多个被推测为"夏都""夏墟"的考古遗址，如山西夏县东下冯（仅有非常稀少的个别小玉器出土）、河南登封王城岗、禹州瓦店、二里头一期文化等，似均不足以称夏都。

早于二里头一期文化（约公元前1800年）的晋南地区陶寺文化（或称龙山文化，约公元前2400年），甘青地区的齐家文化和南方良渚文化，都形成了类似的玉礼器体系和葬玉制度，即以玉璧、玉琮、玉璜为核心的神圣象征符号，其形制风格在三者之间出现了类同和对应现象，透露出文

---

① 马承源主编：《上海博物馆藏战国楚竹书》（二），上海古籍出版社2002年版，第276—280页。

柒　齐家文化与玉器时代

齐家文化玉琮（甘肃省博物馆）　　积石山县新庄坪出土的齐家文化玉璧半成品（2014摄于临夏州博物馆）

化交流整合的重要信息。可是在时间上晚于以上三种文化的二里头一期文化，显然没有发现玉礼器，其二期至四期文化（约公元前1700年到前1521年）才出现玉礼器，但是其时间断代晚于夏代，大致相当于商代早期的纪年。而且二里头玉礼器体系与前三者的玉礼器体系明显不同：不是以璧、琮、璜为核心符号，而是以戚、圭、牙璋、柄形器为主[1]。其纹饰工艺也明显呈现商代玉器的特征，如阳线雕琢纹饰、臣字眼等。

浙江学者陈剩勇曾经以良渚玉文化的大批礼器为证据，试图提出夏文化的东南起源说[2]，但是毕竟由于地理上的巨大差异和隔阂，该假说没有得到学界的认可。现在，如果采用时间上的排他法来重新筛选，二里头二期以后的玉器晚于夏代纪年，宜算作商代玉器。而陶寺玉器和良渚玉器都早于夏代纪年的起点数百年之久，也难以和夏代纪年吻合。唯独剩下一个齐家文化玉器传统，在年代上基本和夏代纪年相互对应。于是，根据逐渐丰富起来的齐

---

[1] 陈雪香：《二里头遗址墓葬出土玉器探析》，载《中原文物》2003年第3期。
[2] 陈剩勇：《中国第一王朝的崛起——中华文明和国家起源之谜破译》，湖南人民出版社2002年版。

河西走廊——西部神话与华夏源流

江苏阜宁出土的良渚文化玉琮（2006年7月摄于南京博物院）

齐家文化不规则形石璧（2017年摄于玉门市博物馆"玉润丝路玉石文物展"）

家玉文化材料，特别是齐家玉礼器体系的成熟情况[1]，是否可以把寻找夏文化源头的目光重新转向陇山以西的黄河上游和渭河上游地区呢？

史书文献上重复许多次的"大禹出西羌"（《新语·术事》《史记》等）和"禹学于西王国"（《荀子·大略》)等说法，其实已经不仅揭示了夏文化的一支主体来自"西"的方位，而且也揭示了其族属——羌。这不是同考古学界所确认的齐家文化族属为古羌人完全吻合对应了吗？

从来源方面看，齐家的玉文化显然不是从甘青地区的马家窑文化直接继承而来的，而是来自中原仰韶文化、龙山文化的玉器制造传统，以及北方的红山文化。考古学家苏秉琦在《甘肃和"中原古文化"》中提出：

> 陇山东西两侧古文化的发展道路是有差异的：在东侧，从仰韶文化之后发展起来的，是以客省庄二期为代表的新石器晚期文化；在西侧，从仰韶文化之后发展起来的，则是马家窑文化和有关诸类

---

[1] 参见杨伯达主编：《出土玉器鉴定与研究》，紫禁城出版社2004版，第298页；叶茂林：《从青海喇家遗址出土资料再论齐家文化玉器》，见《海峡两岸古玉学会议论文专辑》，台湾大学出版委员会2001年版。

柒　齐家文化与玉器时代

型以及齐家文化。这一地区青铜文化的类型更加复杂。但要指出的是，这里进入青铜时代的时间并不晚于商代，可以认为它是中国又一个较早发明青铜器的地区，是周秦的老家。因此，在考虑陇山两侧古文化的渊源时，如果简单地归为同源并不妥当。

现在，根据史书的提示线索，结合新发现的大量玉文化材料，我们或许可以在苏秉琦说的甘肃为"周秦的老家"之外再加上"夏"的老家。这样就能够对夏、商、周探源研究进行换位思考，重估延续六个世纪之久的齐家古国在华夏文明起源方面的重要作用。

考古界关于齐家文化的来源和走向，主要观点为"西渐说"，即认为其来自陇东地区，逐步向西扩张，征服了原来的马家窑文化并取而代之，进而向河西走廊的纵深地区有所拓展。如李水城的推论是：

> 马家窑文化是最早对河西走廊进行开发的。在马家窑类型的中期阶段，其"先头部队"已进驻青海东部黄河上游的同德县、甘肃河西走廊东段；马家窑类型晚期再向西扩展到走廊西端的酒泉市。……到了半山晚期，随着东部地区原始文化的不断扩张，洮河流域成为角力的前沿，半山类型已无力抗衡，只能步步退守，并最终丧失了这一地区。而这股来自东部、势力强大的力量即日后称雄于西北广大地区的齐家文化。[1]

马家窑文化陶器的风格虽然经历了几个发展演变阶段，但是彼此之间的联系还是一脉相承的。可是齐家文化的陶器造型和装饰风格一看就不同了，齐家陶器和马家窑的相比，其间的差别甚至要比明代和清代的瓷器之

---

[1] 李水城：《半山与马厂彩陶研究》，北京大学出版社1998年版，第202页。

间的差别还要明显。这是否意味着一场史前文化主体民族的转换或者类似的改朝换代呢？由于这一段历史属于没有文字记载的失落的历史，所以今人只有根据无言的物质文化遗留物来做出推测性判断。掌握着新兴的玉礼器体系的齐家文化势如破竹，在一两个世纪里慢慢吞并着只有陶礼器体系的马家窑文化。

父权制社会特征明显的齐家文化，在向西推进的过程中引发了一种"骨牌效应"，迫使马家窑文化马厂类型的原有地盘被侵蚀，并且被迫不断西移，逐渐深入河西走廊的纵深处。下面一组统计数字清晰地传递出马家窑文化与齐家文化之间力量彼此消长的信息：

> 在洮河——大夏河流域，马厂类型的遗址仅发现不足20处，而齐家文化的遗址则高达96处。在青海东部黄河流经的几个县，仅发现马厂类型遗址16处，而且这些遗址的时代均属于马厂早期。在兰州左近，马厂类型与齐家文化的遗址数量比与洮河流域大同小异。与此形成鲜明反差的是，在湟水流域，仅民和一县发现的马厂时期遗址就达351处，这些遗址绝大多数分布在湟水及支流沿岸，在同属民和县境内的黄河支流河谷仅有马厂遗址不到20处。随着齐家文化不断西进，到了马厂晚期后段，兰州——湟水中下游一带的马厂居民只能委曲求全，与齐家文化的居民杂处一地，最终也未能摆脱被齐家文化吞并的结局，而远走河西的马厂类型居民，则偏安一隅。[①]

在柳湾这个中国新石器时代最大的公共墓地群，也可以看到西北史前不同时期不同文化更迭替换的清晰线索。从墓葬数量关系变化看，这里以

---

① 李水城：《半山与马厂彩陶研究》，北京大学出版社1998年版，第203页。

柒 齐家文化与玉器时代

马家窑文化的马厂类型最为发达，墓葬群的主体区域由该类型的墓葬所占据，发掘总数为1041座，距今四千三百年到四千零五十年。早于马厂类型的是半山类型，发掘墓葬265座，距今四千六百年到四千三百年。晚于马厂类型的齐家文化，发掘墓葬419座，主要分布在墓区的东西两侧，显然是在原有墓地边上后来添加的。齐家文化以独木棺为主要葬具，而且陪葬品中有琢磨精致的玉器，风俗上的这一差异表明其文化面貌与马家窑文化不同源。晚于齐家文化的墓葬属于辛店文化，位置在墓区边缘的高处，距今三千六百年，与齐家文化之间并无承继关系，出现了文化传统的断裂和某种退化迹象。发掘的辛店文化墓葬仅有5座，其虽然时间较晚，却没有葬具，随葬品数量也大为减少，且没有玉器。繁荣一时的齐家文化玉礼器传统就这样出现了中断现象，至少在本地的后继文化中是中断的。其余脉只有到夏商周三代的玉礼器传统中去寻觅。

根据齐家文化的近亲——玉门火烧沟遗址四坝文化人骨测量数据，当时河西走廊人的平均寿命只有29.56岁，男性平均寿命为32.95岁，女性为32.00岁。换言之，齐家文化中大约一半的人不到30岁便死去。[1]由此可知，其玉器开采和加工技术的传承，一定是在相当早的年龄段就开始了，比如说20岁上下，如果太晚的话恐怕还未熟练掌握基本技能就要离开人世了。

齐家古国的覆灭

关于齐家文化神秘消亡的原因，过去的研究因为资料限制而属于推测性的居多，诸如战争毁灭说、气候环境变化说等，没有令人满意的解答。

---

[1] 韩康信、谭婧译、张帆：《中国西北地区古代居民种族研究》，复旦大学出版社2005年版，第245页。

通渭县出土的万字纹饰齐家文化彩陶罐（2016年1月第九次玉帛之路文化考察时摄于通渭县博物馆）

积石山县新庄坪出土的齐家文化玉璧（2007年摄于甘肃省博物馆）

齐家文化单孔玉斧（2017年摄于玉门市博物馆"雨润丝路玉石文物展"）

陕西凤翔秦公一号大墓出土的玉石鞋底（陕西历史博物馆）

清水县出土的齐家文化玉璋（2016年1月第九次玉帛之路文化考察时摄于清水县博物馆）

柒　齐家文化与玉器时代

2001年由中国社会科学院考古研究所、青海省考古研究所在青海民和县喇家村的齐家文化遗址进行再发掘，得到了令人震惊的新线索：繁荣了数个世纪之久的齐家古国最终毁灭于一场突如其来的天灾。罕见规模的大地震和大洪水，让事先毫无准备的齐家先民猝不及防，顿时陷入万劫不复的毁灭绝境。哺育了齐家文化数百年的母亲河黄河，居然残酷无情地充当了文化终结者的角色。望着黄河岸边被毁灭的文化遗迹，不禁使人再度想起周穆王西游第一站的情景：他来到黄河边，毕恭毕敬地向河神奉献玉璧。如此高规格的西周的天子级仪礼，不在西周王朝的都城，偏偏要到这荒远的黄河边来举行，这或许就潜藏着古人对黄河之神摧枯拉朽神圣威力的恐惧之情，以及希望得到河神保佑的宗教虔诚。黄河泛滥所造成的洪灾，在远古初民心目中并不是今人所说的"自然灾害"，而是国人对河神礼敬不周所遭到的惩罚报应。这样的惩罚究竟有多么严重，只要看看黄河边被泥沙掩埋的喇家遗址的情形就会一目了然。

2001年，考古工作者在喇家遗址发掘清理出多处灾难场景。当时的齐家文化先民居住的是窑洞式房屋。由强震带来的垮塌将村民们活埋在窑洞土屋内的场景比比皆是。其中最为吸引媒体的一个场景是3号房址中一对相依为命的母子：母亲屈膝跪在地面，双手搂抱着一孩子。那孩儿蜷缩在母亲怀中，受到惊吓后双手紧搂着母亲的腰。母亲仰头向上，似乎是关注着垮塌下来的屋顶。这个如同舞台造型般的姿势被天灾凝固成一座雕像，有媒体渲染为"像是在祈求苍天赐年幼的孩子一条生路"，也有的文章使用了"史前灾难现场摄人心魄，黄河慈母佑子情动天"的标题。

在喇家遗址埋人最多的一处土屋里共有人骨14具，多为妇女儿童。可知当时聚族而居的大家庭已经有相当规模。在发掘现场可以看到地震塌陷遗迹和房址地基下因地震裂开的缝隙。房屋的堆积上部为黄河大洪水的堆积物红胶泥土层，下部为窑洞坍塌的黄土层，埋没于土层中的人骨遗骸呈不正常姿势，表明是土屋垮塌下来压死的。在遗址其他多处地点均发现地震裂缝、

庄浪县博物馆藏齐家文化玉器(2016年1月第九次玉帛之路文化考察时摄)

喇家遗址窑洞3号房址内实景——地震时保护婴儿的母亲向上方看塌落的房顶(2014年摄于喇家遗址博物馆)

齐家文化的灭顶之灾:喇家遗址地震加洪水灾害现场(2014年摄于喇家遗址博物馆)

柒　齐家文化与玉器时代

地面褶皱起伏等现象，表明造成当时灾难现象的元凶应是地震。种种迹象表明，那一场大地震对遗址和齐家先民的生命造成毁灭性的一击，随之而来的洪水则带来二度的灭顶之灾，使个别侥幸逃脱第一次打击的生灵遭到埋没和尘封。齐家文化的历史在这一地区就这样戛然而止，将毁灭的瞬间情景保留在黄土尘封之下。如此由自然灾变造成的具有断根性质的古文化灭亡，在世界上早有发现的先例。有人据此称喇家遗址为"东方的庞贝"。目前，当地政府正在原地筹建喇家博物馆，让数千载以前齐家文化覆亡的真实场景昭示天下。2002年以来的发掘工作还在进行之中。目前已发现具有广场性质的一大片硬土面，清理出奠基坑、人牲杀祭坑、埋藏坑、灰烬层、露天灶址等，伴出玉器、卜骨、石圭和精美陶器等。说明这片硬土面应是当时人们举行仪式活动的重要场地。[1]新清理出的第15号房址是迄今保存最好的齐家文化建筑，残存墙壁高达2—2.5米，完全可以对照今人居住的现代化楼房的层高。在20号房址内的地面清理出一些保存完好的陶器，其中有一件篮纹红陶碗略为倾斜地翻扣在地面上。发掘者拿起陶碗时，发现碗里原盛有食物，地面上留有一堆碗状遗物——一碗粗细均匀的面条。面条直径大约为0.3厘米，保存的总长估计超过50厘米。颜色为米黄色。中国科学院地质与地球物理研究所吕厚远研究员提取陶碗中的面条进行了检测。2005年10月13日的《自然》杂志发表了其研究结果，题为 *Millet noodles in Late Neolithic China*，认定陶碗中面条的原料是小米和糜子。《美国国家地理杂志》和路透社等著名媒体争相报道这个发现。喇家遗址乃至整个齐家文化就这样随着"世界第一碗面条"的美誉而得到迅速传扬的机会。吕厚远研究员以自然科学方法介入的这项考古研究，表明我国新石器时期的青海先民在约四千年前已经用小米和糜子混合做成了最早的面条，与后代人用小麦做面条的习惯截然不同。同时

---

[1] 中国社会科学院考古研究所甘青工作队、青海省文物考古研究所：《青海民和县喇家遗址2000年发掘简报》，载《考古》2002年第12期；中国社会科学院考古研究所甘青工作队、青海省文物考古研究所：《青海民和喇家遗址发现齐家文化祭坛和干栏式建筑》，载《考古》2004年第6期。

喇家遗址发现的"世界第一碗面条"及其说明（2014年摄于喇家遗址博物馆）

这也说明齐家古国时期已有较完善的工艺对这些农作物果实进行脱粒、粉碎和磨面，用面粉制成细长而规整的面条。如果对照今日西北黄土高原地区农民住窑洞吃小米饭的现状，还可引申出如下一种推测：由齐家先民发明的制作小米面条的文化经验，是否随着齐家古国的瞬间毁灭而失传了？不然的话，为什么今人只延续着用小麦做面条和用小米做米饭的传统，而没有延续用小米加糜子做面条的传统？

我国北方的广大地区流行至今的面食传统，还有多少成分直接来自史前西北羌人的齐家古国呢？

还有一些特殊的石器和玉器，暗示出喇家遗址在当时的齐家古国中不是一个普通的聚落村寨。如大型石磬、大玉刀和玉璧的出现，显示出当时社会首领的重要礼器体系。民和县博物馆里保存着的喇家村出土的大型玉刀和玉璧，都不是实用工具，而是象征王权和神权的神圣符号。它们的巨大尺寸透露出其主人的地位和威严非同一般。这些精心制作的巨大礼器还默默无语地透露出，围绕着其主人而展开的宗教仪式活动或许是齐家古国的地方首领们当年号令天下和祭祀神灵的隆重典礼。

柒 齐家文化与玉器时代

齐家文化玉琮（秦安博物馆）

齐家文化折肩双耳陶罐（2006年摄于临夏博物馆）

在喇家村的一个农户家里，考古工作者采集到一件大型石磬，它是早年在农田中被发现的。石磬采用一块板材制成，长96厘米，宽61厘米。其体积堪称中国史前考古之最，是目前所见出土的最大的磬，被尊称为"磬王"或"黄河磬王"。传世古书里就有"禹以五音听政"的传说。按照礼乐不分的上古惯例，夏朝君王利用鼓磬之类为处理国家朝政的道具，其礼仪功用很明确，不同于后代纯粹表演性的乐器。20世纪80年代在山西襄汾陶寺遗址3015号墓曾出土一件打制石磬，长度达到80厘米，在当时是破纪录的巨磬。学界根据陶寺大墓中与鼍鼓共存的石磬，认为那就是尧舜至夏代之间国家礼制形成的标志物，是文明起源的无上权威之象征。从喇家村遗址"黄河磬王"的超大规格看，其使用者至少也是一个地域国的酋长或圣王。这样看来，还没有结束发掘工作的喇家遗址，是否有可能是齐家古国在某一时期的政治统治中心？那些四千年前享有着糜子面条美食的喇家先民，莫非是当时的王公贵族？

喇家遗址为窑洞建筑形成的聚落，考古学家认为该地区的地质结构并不

齐家文化玉璧（2016年1月第九次玉帛之路文化考察时摄于通渭县博物馆）

适合建筑窑洞。地震加水灾的发现，揭示了雄霸西部数百年的强大势力——齐家古国灭亡的一个主要原因。母亲河上游地区出现的灾变，反映出当时人们在选择居住地方面的失误，没有做到生态上的防患于未然，结果付出了异常惨痛的代价，导致了文化灭绝的严重后果。这也许和齐家先民平均寿命在30岁左右，不利于积累预防灾变之经验有关。

比甘青地区更早的史前窑洞式建筑，已经在宁夏菜园遗址发现；晋南的陶寺遗址和夏县东下冯遗址同样发现了窑洞式建筑。如果将这些史前期建筑窑洞的地方联系起来，大致能够看出夏文化与西北史前文化的又一重要关联。如今豫西的黄土丘陵区有所谓"地坑院"式建筑，正在被作为一种民俗申报非物质文化遗产。窑洞式土屋以其因地制宜的经济性能和冬暖夏凉的宜人特性，至今还是黄土高原民居的一种形式。齐家古国的灾难性结局，由于地震和洪水的局部发作，或许只在华夏文明源流中终结了糜子面条的饮食传统，却没有中断窑洞居住的传统，更不可能终结早已风靡黄河中下游和长江中下游的玉文化传统。

我的"西游"经历

（代后记）

生性的缘故吧，我从小是一个爱书的人，也是一个喜欢运动和跑路的人。关于我爱书的事情，远在美国任教的康正果先生专门写过一篇杂文《书累》。这里还是交代一下爱跑路的由来，以便说明广博的田野经验对拓展学术研究的作用。

9岁时从北京西城的报子胡同小学考进了北京市外国语学校法语班。当时我们学校位于阜成门外白堆子，正对着玉渊潭公园的北门（如今是首都师范大学的教师住宅区）。由于是住校生活，自己又喜欢踢足球，每天早操时间都要在操场上练长跑，少则跑十圈，多则二三十圈。到教室上课时总是汗流浃背的，一般要等到上午的第一节课上完，身上的汗水才大致干下来。

1966年赶上"文革"，由于祖父的成分是地主，我被外国语学校扫地出门，只得迁往西北，在西安就读第四十一中学。在中学操场运动时，常有一位长辈为伴，他就是我们班主任张居礼老师。他是国民党王牌军第七十四师师长张灵甫的公子。如此出身，在"文革"时的"待遇"也就可想而知。作为"可以教育好的子女",我和张老师自然就有一种"同是天涯沦落人"的认同感。他曾送我一本亲手抄写的毛泽东语录,希望能以"任凭风吹浪打,胜似闲庭信步"的豪迈情怀伴随我们的人生旅程。那时的学校基本没有多少正规的学习,记忆中最多的就是一些"劳动改造"和"备战备荒"的活动。如挖防空洞,到长安县(今长安区)农村收麦子,到西安东郊的浐河边去用架子车拉沙子,学俄语(包括遇到苏联军队的俘虏时如何喊"缴枪不杀"的口号等)等。

若逢"罢课闹革命"时节,我们几个住在西安儿童医院家属院的同学少年就会沿着陇海铁路扒火车出去"西游"。那个年代的中国,是"革命大串联"的时代,人

第二次玉帛之路文化考察(2014年7月22日自扁都口翻越祁连山途径裕固族牧区)

我的"西游"经历

们还不讲什么"旅游"。几个十四五岁的少年结为一伙，到西安西站扒上货运火车去做冒险之游，完全没有出游的计划，也根本不知道此行的目的地，具体得看所扒上的那趟车开到什么地方停下。那完全可以称得上是随机性的漫游，或者"逍遥游"吧。只是当时还不懂这个词语，也还没有看过马克·吐温的《哈利贝克·芬历险记》一类的外国少年游记小说，只知道孙悟空护送唐僧的西游方向，所以我们总是上西去的列车，从来没有扒过东行的列车。身上既没有多少盘缠，当然也不考虑买票的事。之所以不乘客运车，偏要扒上货车，似乎有点模拟铁道游击队的风格，要寻求探险的感觉和刺激吧。这些出游，一般是在咸阳以西的一些车站停车就下去了，如兴平、武功、蔡家坡

第五次玉帛之路文化考察（2015年6月14日自额济纳旗至马鬃山探险途中穿越千里无人戈壁）

齐家文化玉器（平凉博物馆藏）

等，也有两次莫名其妙地被货车拉到铜川和甘肃的天水。从距离看，少年荒唐游的旅程无法和大唐和尚玄奘一行相提并论，但游者内心的体验却也居然是"心游万仞"般的豪迈。铜川是煤都，一次扒运煤车回来，又饿又冻，形容枯槁，满脸煤黑，几乎与浪荡江湖的丐帮形象相差无几。

我自1966年到西安，1993年南下海南岛，总共做了二十七年"老陕"。若除去1983年到北师大读书和1990年去澳洲访学的两年，也有二十五年"西北人"的生活经历。可是我对西北的了解，除了陕西的关中和陕北之外，大体局限在书本知识所建构的常识范围内。虽然甘、青、宁、新几个省区都跑过，但大多是走马观花一类。对陇山以西的河西走廊和丝绸之路，缺乏体悟性的亲身经验，更谈不上研究了。20世纪最后几年撰写《山海经的文化寻踪》一书时，真想顺着周穆王和张骞等圣王先贤的足迹再考察一下河西走廊。可惜那时的我已经"自我放逐"到遥远的海南

我的"西游"经历

玉质蛙形器

岛,无奈只有借古人的诗句"西北望长安,可怜无数山"自叹机缘未至。

直到2005年6月到兰州大学兼任萃英讲席教授,住了一个来月,在讲课和交流之余,再度开启了以实地考察的"地方性知识"体验重新验证书本知识的机缘:沿着盘山公路南下东乡、广河、临夏,到素有"小西藏"之称的甘南藏族自治州考察;在合作(藏语"黑错",为羚羊之意)市的甘南师范交流,体会藏区生活;到九层佛阁(米拉日巴佛楼阁)和周边的黄教寺庙,研习藏传佛教的图像叙事;到夏河县慕名采访格萨尔讲唱艺人嘎藏智化先生,听他讲述史诗传承的感慨和独特的治病经验;观拉卜楞寺和佛学院,体察汉藏(羌)互动融合数千年的宗教文化语境,辨析藏传佛教和苯教诸神的动物象征谱系及其与古神话、萨满教的关联;和程金城教授等一起上莲花山考察农历六月的花儿会,夜半登山和各族百姓一起陶醉于活的"国风"对唱情境之中;到和政县看古生物化石,领会早已绝迹于

河西走廊——西部神话与华夏源流

作者在考察途中留影

地球的铲齿象群"侏罗纪公园"景观,见证当年的和政羊如何比今日的牛还要硕壮威武,思索进化论观念遮蔽下的生物退化轨迹;踏着安特生的足迹,到临洮、临夏等地看世界最丰富的史前彩陶文化的遗留器物,感受马家窑文化和齐家文化的千年传承脉络,针对彩陶纹饰图案,猜想从蛙神变龙神的信仰转换过程;由赵建新教授陪同到秦安县看七八千年前的先民所留下的大地湾遗址,惊叹史前"太和殿"建筑的辉煌气派,遥想其室内地画(有"中国第一幅地画"之称)的神秘意蕴;由王合义兄引导和陪同,到天水朝拜人文初祖伏羲之庙,沿着甘谷县和武山县的西去方向,在卦台山到大象山石窟一带寻访伏羲文化的遗迹,追思其仰观俯察以画八卦的风水背景;到陇西文化馆了解新石器文化遗址的分布,到定西看威远楼,体会古代中原政权"安定西边"的初衷,进而理解"武威""张掖""宁夏""宁强(羌)""伏羌"等汉语地名中潜含的中原中心主义

我的"西游"经历

意识形态。

2006年秋天和冬天,笔者又两度到甘肃,分别完成了一次陇南之旅和一次河西之旅。先是从兰州出发,由武文教授、张进博士陪同,驱车前往通渭、天水、成县、西和县、礼县一带调查民间文学传承,寻觅若隐若现的一部"伏羲史诗",并了解考古新发现的情况。在西和县沿着西汉水考察以女性节庆为特色的古代七夕文化传承,登荣华山远眺古仇池国的山川形势,在西和县博物馆的库房看出土器物。在西和至礼县的路上,根据王合义兄的提示找到长道镇的一家小古玩店,买到汉绿釉熊形灯台;随后看大堡子山秦先公墓和宫殿建筑的发掘现场,请教甘肃考古所王辉队长和北大考古系赵化文教授,根据他们的介绍专程找到不对外开放的礼县博物馆,参观大批秦文化出土文物,拍到坐熊形象的青铜车形器等珍稀图片,给我当年的"熊图腾"研究找到有趣的物证。陇南之行的回兰州途中,还在陇西等地收集到几件齐家文化玉器。那年冬天的河西之旅,是加入宁夏一个民间组织的西夏文化考察队,从贺兰山的西夏文化遗址开始,南下兰州,西去武威、张掖、嘉峪关、瓜州(安西)、敦煌,一路寻访相关的博物馆和西夏文物遗迹。于是有了本书开篇叙述的锁阳城的薛仁贵铜像场景。此次西夏文化考察的一些体会和研习心得,构成本书前半部分的主要内容。如何根据阅读山川大地这部大书的经验重新进入历史,理解古人用汉字书写的小书,是我探讨"西部神话"问题的方法起点。

2007年12月至2008年元月初,是我近三年内第三次到兰州大学和第四次到甘肃考察。随西北师范大学的冯玉雷兄及临夏县马正华副县长、哈九清兄再度到广河、临夏考察齐家文化。到广河参观了新开张的齐家文化博物馆,并通过各种渠道亲眼查看和搜集齐家文化玉器实物。又在2007年的最后一天,与程金城教授、刘文江讲师同去青海考察史前文化遗址,参观民和县博物馆未成(没有看到喇家遗址新出土的史前大玉刀等文物),继续驱车西行,到乐都县柳湾遗址,终于叩开了柳湾彩陶博物馆的大门(当日已提前放元旦假）。张成志副馆长得知程教授是《中国彩陶艺术论》的作者，如遇知音，不仅全程陪同讲解，而且回答我们的各种问题。该馆中的马家窑文化和齐家文化的墓葬情况实景，由于就保留在原地点，比起我们在甘肃省博物馆看到的同类墓葬复原景观更能给人以身历其境的感受，多少获得一些重新进入四五千年前史前先民世界的直观感觉。可以说，对于那样一个早已逝去的先民世界，光靠读书得来的文字知识，是无论如何也难以入门的。本书的后面几部分内容，算是尝试进入无文字时代西部社会与神话观念世界的努力。

为了摸清史前玉文化的传承脉络及其在夏、商、周中原政权礼制建构中的奠基性作用，探究华夏玉神话发生的

2016年9月7日昆仑河源道考察（摄于新疆帕米尔高原红其拉普中巴边界）

我的"西游"经历

现实根源,我在第四次到甘肃之前,还专门到上海、常熟、无锡、南京等地博物馆看良渚文化玉器,到沈阳的辽宁省博物馆看红山文化玉器,到山西襄汾陶寺遗址考察先夏文化,到侯马博物馆看西周、东周的出土玉器,赴河南登封考察王城岗遗址,到告成镇参观王城岗遗址博物馆,特别注意那里出土的四千多年前的二里头系统玉器情况,还到河南禹州的博物馆库房里去看瓦店遗址出土文物。总的印象是,从史前时期玉器生产的发端和规模看,都是中原以外的文化更胜一筹。也许是由于所发现的玉材产地限制,目前能够看到的中原史前玉器大都是零星的发现,直到二里头文化的二三期之后方形成一定的规模和形制特征。从断代上看,二里头文化三期已经接近或者进入商代了。如此看来,要探索夏代玉文化的来源线索,齐家文化玉器成为首选的对象。齐家玉器所用玉材中有没有和田玉,也是一个关键的问题。根据多年的经验,探讨玉文化源流需要以鉴识玉质及原产地的能力为技术基础。这方面需要长期学习、积累、感觉乃至把玩的经验。古人在这方面要比今人强得多。儒家圣人所说的"君子温润如玉"这

白玉雕双童子荡舟摆件(摄于苏州博物馆)

句名言，对于懂玉的人和不懂玉的人，是完全不同的体会。这种对玉的感知经验中潜藏着华夏文化传统最持久也最具特色的一面。非常可惜的是，习惯从书本到书本的学院派师生们基本上与此种文化经验隔膜着。只有在文物收藏界，这种经验依然在不绝如缕地传承着。我第四次到甘肃，希望对齐家文化玉器的取材问题有直观的体认。这些年来，除了和各地古玩城的收藏家们交流，我也在研习如何分辨成色和硬度都十分接近的甘肃马寒山（学名也叫"马衔山"，位置在榆中和广河之间，海拔高度3670米）玉与新疆和田玉。这次终于在广河县三甲集的一家古玩店里觅得一枚齐家文化小玉璧的芯子，其玉质明显呈现和田白玉独有的雪花纹状特征。这使我基本打消了关于齐家文化够否充当昆仑美玉进入中原的中介角色的疑问，并给本书最后一部分的写作带来了重要灵感。

  本书的写作，既没有按照学术专著的通常写法，也不想写成游记或旅行感想。对学术问题的考据和讨论，多有不成熟之处，期望专家批评指教。之所以选择了大量的图片，不是为了阅读上的轻松，而是要进一步尝试我所期盼的那种"四重证据"的文史研究路径，希望有助于从直观感觉入手重新进入历史文化情境之中。至于是否能够达到预期的效果，只有请读者诸君做判断了。

  最后，衷心感谢几年来对我西行考察给予帮助的同人和朋友们，特别感谢兰州大学，感谢"西游"过程中提供各类帮助的朋友们！